Werner Zurfluh

Märchen als Schlüssel zu den Quellen der Nacht

Wolkentor-Verlag

Die Bilder zeichnete Christoph Roos

Veröffentlicht im Wolkentor-Verlag,
Hans-Joachim Drews, Geesthacht bei Hamburg,
1. Auflage 1984, 2. Auflage 1985,
© bei Werner Zurfluh

Gesetzt aus der Garamond in der
Grafischen Werkstatt Kröger, Brunstorf

Gedruckt in der Druckerei Sonnenschein,
Adalbert Richlitzki, Hohenstadt

Auslieferung für die Schweiz:
Lindenbaum AG, Beim Lindenbaum 11a,
CH-4123 Allschwill

ISBN 3-922 554-04-0

Inhaltsverzeichnis

Vorwort

Alptraum
und Wandel zweiter Ordnung

Es wird kaum jemanden geben, der noch nie einen Alptraum erlebt hat. Schreckliches ereignet sich zwar auch im Alltag, aber in bezug auf Alpträume hat der Mensch eine besondere Methode entwickelt, der Gefahr zu entfliehen: das Erwachen. Diese Lösung entspricht einem »Wandel zweiter Ordnung«, denn durch das Erwachen wird nicht ein Element des Traumgeschehens verändert, sondern der Zustand des Ichs. In einem Alptraum kann das Traum-Ich nämlich alles mögliche versuchen: fliehen, sich verstecken, sich verzweifelt wehren, aus dem Fenster springen usw.; doch führt bekanntlich kein Wechsel von einer dieser Verhaltensweisen zu einer anderen zur Lösung des Alptraums. »Die Lösung liegt im Wechsel vom Träumen zum Wachen. Erwachen ist aber nicht mehr ein Element des Traums, sondern eine Veränderung zu einem vollkommen anderen Zustand.«*

A   Ein Alptraum

Die Gegend ist düster, der Boden zwischen den toten Baumstrünken aschgrau und trocken. Weit hinten das dumpfe Tappen von haarigen Füßen, das kratzende

6

Scharren klauenbewehrter Zehen. Bei jedem Schritt wirbelt Staub hoch und erschwert das Atmen. Das rasche Gehen macht wegen der Steilheit des Geländes unsägliche Mühen. Spitze Steine reißen die Haut auf. Am liebsten würde ich den Schmerz hinausschreien, aber in der trostlosen Weite sind alle menschlichen Regungen sinnlos und bloße Energieverschwendung. Eine gräßliche Angst umklammert mein Herz. Hin und wieder schwappen Gedanken empor — sie überfluten das Gehirn wie faulige Schwaden, die aus abgrundtiefen Spalten hervorkriechen. Selbst die letzten Erinnerungsfetzen an bessere Zeiten werden vom Grauen des gegenwärtigen Zustandes erstickt, denn die Fremden, die Ganz-Anderen kommen immer näher.

Dann stoße ich an den Rand einer Schlucht. In der Tiefe wogen Nebel aus der totalen Schwärze und fließen träge über den scharfen Felsrand, um sich dann in der stickig-feuchten Luft aufzulösen. Nirgendwo gibt es eine Brücke, nirgends einen Abstieg in die Tiefe — die Wände sind feuchtnaß und glatt.

Das Stapfen der Füße wird lauter. Schmutzverkrustete Kleidungsfetzen scharren ekelhaft aufeinander. Der keuchende Atem der Verfolger verdichtet sich zu einem triumphierenden Geheul, als sie mich sehen. Nun sind sie derart nahe, daß sich ihre Ausdünstung wie eine scheußlich klebrige Masse auf meine Zunge und Nasenschleimhäute legt. Das blasphemische Grunzen der geifernden Meute steigert sich zu einem ohrenbetäubenden Gekreische. Die dunklen Gestalten stürzen sich auf mich. Vor mir der Abgrund, hinter mir die bestialischen Wesen und in mir Angst, Furcht und Panik...

B Die Lösung

Innerhalb des Traumgeschehens scheint es bei diesem Alptraum keinen Ausweg zu geben. Das Ich könnte vielleicht mit einem Sprung in die Tiefe oder durch Kämpfen die Katastrophe hinauszuzögern. — Eine befriedigende Lösung ergibt sich aber nur durch einen Wechsel vom Traumzustand in den Wachzustand. Das Ich muß also unbedingt erwachen. Erwacht nun der gepeinigte Träumer im Bett? Ist es tatsächlich notwendig, daß mit der Zustandsänderung des Ichs auch der körperliche Zustand vom Schlafen zum Wachen hinüberwechselt? In diesem Fall würde das Ich »das Kind mit dem Bade ausschütten« und seinen Wechsel vom Träumen zum Wachen mit einem Zustandswechsel des Körpers vom Schlafen zum Wachen verbinden. Die Sprache erzwingt gewissermaßen diese Gleichsetzung, weil sie das kontinuierliche Ich-Bewußtsein mit dem Wachheitszustand des physischen Leibes identifiziert. Diese Verbindung ist zwar wirksam und beendet schlagartig einen Alptraum, aber sie ist schwerfällig und unbefriedigend, zumal Alpträume die unangenehme Eigenschaft haben, sich ständig zu wiederholen. Die Lösung besteht darin, daß das Ich erwacht — aber eben nicht im Bett. Das Ich muß sich bei einem alptraumartigen Geschehen bloß der Tatsache bewußt werden, daß es sich im Traumzustand befindet, dann kann es — als luzides Ich — direkt an Ort und Stelle eingreifen und dem Geschehen eine andere Wende geben. Dies führt dann zu einer Lösung, die eine Wiederholung des Alptraumes prinzipiell verunmöglicht, denn aus der Bewußtwerdung und dem gleichzeitigen Verbleiben im traumartigen Geschehen ergibt sich eine völlig neue Ausgangssituation. Dies ist der erste Schritt zur Erlösung, wovon viele Märchen erzählen. Doch scheint dies vergessen worden zu sein. Dieses kleine Bändchen soll dazu dienen, die Erinnerung an diesen wesentlichen Sachverhalt wiederzuerwecken.

C Ein theoretisches Geleitwort

Die nunmehr folgenden Ausführungen werden vielen Lesern sehr abstrakt und theoretisch vorkommen. Wenn Sie also der Meinung sind, daß zwischen Theorie und Praxis unüberbrückbare Abgründe klaffen, dann lesen Sie vielleicht zuerst die beiden im Anhang abgedruckten Märchen, um dann gleich mit dem 1. Kapitel weiterzufahren. Ich gebe allerdings zu bedenken, daß die hier gegebenen und im Text weiter ausgeführten theoretischen Überlegungen unabsehbare praktische Konsequenzen haben.

Der Mensch spielt das Spiel »Wachen-Träumen«. Innerhalb dieses Spieles gibt es keine Regel und keine Vorkehrung, mit deren Hilfe das Spiel als solches beendet werden könnte. Ein Aufhören, wie z. B. das Erwachen zur Ich-Bewußtseins-Kontinuität in einem Alptraum *ohne* den gleichzeitigen Wechsel des körperlichen Zustandes, ist nicht Teil des Spieles selbst. Diese Möglichkeit ist nämlich kein Element der gewohnten Regelgruppe — und sie kann es auch gar nicht sein. Das »Aufhören ist META zum Spiel, es hat einen anderen, höheren, logischen Abstraktionsgrad als irgendein regelbedingtes Ereignis *innerhalb* des Spieles.«** Für einen Spieler, d. h. einen ernsthaft sich mit seiner

9

Existenz auseinandersetzenden Menschen, der den Sprung zur Metaebene des Konzeptes der Ich-Bewußtseins-Kontinuität nicht vollzogen hat, weil er es nicht kann oder nicht will, kommt der Wechsel zur Luzidität *im* Schlafzustand des physischen Körpers völlig unerwartet. Diese Möglichkeit scheint ihm sogar unlogisch, paranormal oder krankhaft — wenn nicht sogar sinnlos — zu sein. Dies muß ihm so erscheinen. Denn es ist unmöglich, ihm die Folgerichtigkeit dieses Wandels jemals innerhalb seines eigenen Rahmens und in seiner eigenen Sprache zu beweisen.

»Seit Gödel 1931 sein berühmtes Unentscheidbarkeitstheorem auf der Basis der PRINCIPIA MATHEMATICA veröffentlichte, müssen wir ein für allemal die Hoffnung aufgeben, daß irgendein System, dessen Komplexität wenigstens der der Arithmetik entspricht (oder wie Tarski nachwies, eine Sprache derselben Komplexität), jemals seine eigene Geschlossenheit und Folgerichtigkeit innerhalb seines eigenen Rahmens (in seiner eigenen Sprache) beweisen kann. Dieser Beweis kann nur von außen erfolgen und beruht dann auf Axiomen, Prämissen, Begriffen, Vergleichen usw., die das ursprüngliche System weder entwickeln noch beweisen kann, die aber selbst wiederum nur durch Rekurs zu einem noch weiteren Begriffsrahmen beweisbar sind, und so fort in einem unendlichen Regreß von Metasystemen, Metametasystemen usw.«[***]

Nun ist der Satz »Die Ich-Bewußtseins-Kontinuität kann unabhängig vom Zustand des physischen Körpers bestehenbleiben« ein Satz über eine Gesamtheit, die vierundzwanzig Stunden am Tag umfaßt. Der Nachweis der Geschlossenheit und Folgerichtigkeit dieses Satzes kann aber nicht Teil der Gesamtheit sein — und ist deshalb nicht zu erbringen. Dieser Satz ist ein Axiom, ein nicht mehr weiter hinterfragbarer Grundsatz, aus dem sich weitere Aussagen ableiten lassen. Eine dieser Aussagen wäre dann die, daß es möglich sei, in einem Alptraum zur Luzidität zu erwachen ohne gleichzeitig auch den physischen Körper zu wecken. Auch die Möglichkeit, außerkörperliche Erfahrungen zu machen, gehört zu den logischen Schlußfolgerungen, die sich aus dem Axiom der Ich-Bewußtseins-Kontinuität ableiten lassen. Deshalb kann man jetzt — ohne sich dabei in logische und theoretische Widersprüche zu verstricken — ruhig zu Bett gehen und einschlafen, ohne deshalb gleich unbewußt zu werden. Wie heißt es doch im Märchen: »Er legte sich unter den Baum, wachte und ließ den Schlaf nicht Herr werden.«

* Watzlawick, Weakland & Fisch 1974:29. Ich verdanke dem kommunikationstheoretischen Ansatz viele Einsichten und Formulierungen.
** Cf. *, S. 41—42
*** Cf. *, S. 43, Anm. 5

»Gab es nicht früher einmal eine Zeit, da waren die Leute fähig,
. . . zum Himmel hinaufzusteigen?«

1. Vom eigenen bewußten Erleben schamanischer und märchenhafter Seelenfahrten[1]

Es war einmal im Jahre 1959, da hat Luise Resatz in Kiel am Internationalen Kongreß der Volkserzählforscher ihren Vortrag »Das Märchen als Ausdruck elementarer Wirklichkeit« mit folgender Bitte beendet: »Als Volkserzählforscher nicht immer nur der forschenden Tätigkeit den Vorrang, sondern ebenso dem Erleben genügend Raum«[2] geben, und begründet ihr Anliegen so: »Gäbe es nur mehr Märchenforscher, aber keine Erlebenden der ‚unendlichen Substanz' mehr, die ihre ekstatischen Schauungen weiterreichen an das Lebendige, so hätte auch das Forschen seinen Sinn verloren, denn es brächte nur Unbelebbares den lebendig Toten. Den Sinn der Arbeit unserer Gesellschaft zur Pflege des Märchengutes sehe ich darin, alles daranzusetzen, daß den Menschen die von der Forschung so verdienstvoll neu erschlossenen Quellen so aufgeschlossen werden, daß sie wieder aus dem Erleben heraus zu ihnen einen Zugang gewinnen.«[3]

Gab es nicht früher einmal eine Zeit, da waren die Leute fähig, ans Ende der Welt zu gehen und zum Himmel hinaufzusteigen? Damals glaubten die Menschen eben noch an die Möglichkeit, »durch ekstatische Visionen dem Wesen und der Ordnung der Dinge nahe«[4] kommen zu können, denn es bestand ein »Hang zur phantasmagorischen Schau«.[5]

Man kann — zumindest arbeitshypothetisch — davon ausgehen, daß gewisse »Jenseitserfahrungen« einzelner Menschen allmählich in das Erzählgut bestimmter Volksgruppen eingegangen sind und dann als Märchen bezeichnet wurden. Wenn es also um die Erschließung von nichtalltäglichen Wirklichkeitsbereichen und um die Frage nach den adäquaten Hilfsmitteln geht, müssen demnach die Märchen ganz besonders berücksichtigt werden. Denn das im Erzählgut der Völker bewahrte und überlieferte Wissen vermittelt eben systematische Kenntnisse über die Wirklichkeit nichtalltäglicher Bewußtseinszustände. Und es gibt Orientierungshilfen, wie man sich in einem »Jenseits des Alltäglichen« zu verhalten hat.

Für mich wird es nun im folgenden darum gehen, einige Hinweise zu diesem Thema zu geben — Impulse für eigene Betrachtungen und Überlegungen. — Die Bitte von Luise Resatz führt weiter als man zunächst meint. Auch der Vorschlag von Heino Gehrts, es müßte darum gehen, »uns die Augen zu öffnen für eine zugleich neue und seit alters geübte Kunst, Welt und Erde und Lebenssinn unmittelbarer und tiefer zu erfassen — auf eine zugleich wirklichkeitsangemessenere und märchenhafte Weise«,[6] hat erstaunliche Konsequenzen, vor allem in bezug auf die Erfahrungsgewißheit. Aber wo bleibt da die Objektivität, wenn dem subjektiven Erleben ein Mitspracherecht eingeräumt wird? Als Wissenschaftler kann man nicht anders und wird zunächst eher unwillig und verärgert reagieren — und dabei allzu schnell vergessen, daß sowohl der Motivvergleich, der sozial- und tiefenpsychologische Ansatz, die strukturalistisch-formalistische Methode und das anthropologische Vorgehen als auch die parapsychologischen Be-

14

trachtungsweisen von ganz bestimmten Prämissen ausgehen, die mindestens ebenso frag-würdig sind wie die
Bitte von Luise Resatz und der Vorschlag von Heino
Gehrts. — Schließlich sind sämtliche Mittel, die man
benutzt, um Kenntnisse zu erwerben, innerhalb eines
bestimmten und bestimmenden Rahmens entwickelt
worden. Dieser Rahmen »definiert« die Randbedingungen des persönlichen und gesellschaftlichen Anschau-
ungsfeldes. Innerhalb dieser implizit vorgegebenen
Grenzen hat sich die Welt des Kindes zu bilden — und
an diese Grenzen haben sich die Erwachsenen zu halten.
Anschauungsmuster bilden sich innerhalb einer »Zivilisation« aus, und dann bestimmen sie als Paradigmen
die Art der Fragestellung, die Arbeits- und Forschungs-
richtung und die benutzbaren Methoden.

Nun erlaubt es das Weltbild, in dem ich aufgewachsen bin, nicht, z. B. beim Einschlafen wach zu bleiben.
Es besitzt auch keine Paradigmen, welche die methodi-
schen Grundlagen und Hilfsmittel liefern, bewußt ein-
zuschlafen und im Schlafzustand luzid zu sein. Hätten
sich alle Märchengestalten damit abgefunden, wäre gar
manche Geschichte ganz anders ausgegangen. Ich erin-
nere nur an das Grimmsche Märchen »Der Trommler«.
Dort ist es dem jungen Trommler nur deshalb möglich, seine Aufgabe zu erfüllen, weil er an der Grenze
zum Einschlafen wach bleibt. Und in »Die zertanzten
Schuhe« hängt das Leben des Soldaten davon ab, daß er
im kritischen Augenblick nicht einschläft. Sogar in
jenen Märchen, in denen das wache Bewußtsein nicht
ausdrücklich betont wird, zeigt das überlegte, situa-
tionsgerechte Verhalten der weiblichen und männli-
chen Figuren, daß sie die zauberische Welt mit wachem

und klarem Bewußtsein betreten. Trotz — oder gerade wegen — der Luzidität verlagert sich jeweilen die Handlung in die märchenhafte »Anderswelt«, werden die Schranken und Grenzen der gewohnten Wirklichkeit aufgehoben.

Die Welt der Märchen gehört zum Erfahrungsbereich der Nacht und gehorcht anderen Regeln als die Welt des Alltags. Die dafür verwendete Bezeichnung »traumartig« droht vor allem eines zu unterschlagen, nämlich die Tatsache, daß das Ich auch im sogenannten Schlafzustand oder in »Trance« stabil und koordinationsfähig sein kann — und zwar ohne jegliche Abstriche. Bis heute wurde vielfach übersehen, daß schamanische und märchenhafte Seelenfahrten nicht nur ganz bewußt erlebt werden können, sondern sogar mit einem intakten, hellwachen Bewußtsein vollzogen werden müssen. Die Berechtigung dieser Aussage wird sich leicht mit Hilfe eines Motivvergleichs feststellen lassen. Doch bleiben die auf diese Weise gewonnenen Schlußfolgerungen immer noch vom persönlichen Erleben isoliert. Aus d e m Wissen allein ergibt sich nämlich nicht zwangsläufig eine Erweiterung des Erfahrungsbereiches, die den Menschen in seiner Ganzheit betrifft. Ein Wissen, das persönlich nicht mit- und nachvollzogen wird, verursacht nur eine Zerstückelung der personalen Existenz — und zurück bleibt ein in seine Einzelteile zerlegter, atomisierter Zauberlehrling, dessen Initiation mit der analytischen Zergliederung beendet wurde. In diesem Augenblick wird das subjektive Erleben zu einer Frage des Überlebens, und das Verbot, ein bestimmtes Zimmer zu betreten, muß seine Wirksamkeit unter allen Umständen verlieren.

2. Das Wissen um den verbotenen Raum

Im Chandogya-Upanishad 6.1.2f wird — man gestatte mir diesen Zeitsprung ins 6. Jhd. v. Chr. — von Svetaketu gesagt, er habe die gesamte, sehr umfangreiche alte Tradition der Brahmanen, d.h. den Veda, gekannt. Aber es gab einen Mann namens Uddalaka, der Svetaketu etwas beibringen konnte, was der Veda-Kenner vorher niemals gehört hatte,[7] obwohl der Veda als »die ewige Wahrheit selbst, unfehlbare Autorität, Richtschnur im Leben, Quelle aller Erkenntnis«[8] galt — und dennoch schien es ein »höheres Wissen« zu geben, das im Traditionellen nicht enthalten war. Nun findet sich die gleiche Problematik wie bei Svetaketu und Uddalaka — trotz räumlicher und zeitlicher Distanz — im rätoromanischen Märchen »Die Prinzessin aus alter Zeit«[9]. Prinz Gian, so heißt es in der Geschichte aus dem Bündnerland, sei ein junger Mann mit einer Lebenseinstellung gewesen, die vielen aus eigener Anschauung bekannt sein dürfte. Sein Vater hatte ihn nämlich »studieren lassen, so viel und so lange, daß kein Schulmeister ihm mehr etwas beibringen konnte«.[10] Prinz Gian war demnach so etwas wie ein »Summa-cum-laude-Absolvent«, der die besten Aussichten hat, in die Grundlagenforschung einzusteigen. Sein Vater, der König (und gleichzeitig ein böser Hexenmeister), ließ »Alles bekannt geben, was der Prinz wußte und bemerkte dazu, wenn irgend einer wäre, der mehr wüßte als sein Sohn, der Prinz Gian, so solle der sich bei ihm melden.

Diese Mitteilung ist auch dem Prinzen Gundi unter die Augen gekommen, und er hat sich hingesetzt und hat dem König geschrieben, er wisse drei Worte mehr als der Prinz Gian. Sofort hat der König den Prinzen Gian zum Prinzen Gundi geschickt, damit er diese drei Worte lerne. Und es ist nicht lange gegangen, da hat er sie gewußt.«[11]

Ich selbst kam aufgrund meiner nächtlichen Erfahrungen und der Auseinandersetzung mit der Weltanschauung der Mystiker, Schamanen und Tantriker zur Einsicht, daß es Wissensquellen geben mußte, deren Rauschen nur außerhalb des traditionellen universitären Rahmens bzw. irgendeines offiziell anerkannten Paradigmas und Weltbildes gehört werden konnte. Ferner stellte ich mit großer Bestürzung fest, daß dieses scheinbar bizarre und gespenstische Summen durch die fortschreitende Entwicklung der Technik und die exaktere Anwendung der »digitalisierenden Rationalität« — z. B. in Form der statistischen Analyse unter Ausschluß nicht-relevanter Randbedingungen — immer mehr unterdrückt und schließlich sogar vollständig ausgeschlossen wurde. Dennoch hat es bei mir lange gedauert, bis ich die Konsequenzen aus der Tatsache zog, daß andere Menschen »drei Worte mehr wußten« oder »Dinge hörten, von denen selbst die Gelehrtesten keine Ahnung hatten«. Daß es sich dabei vor allem um Erfahrungsbereiche handelte, die nur mit der entsprechenden erkenntnistheoretischen Fragestellung erschlossen werden konnten, merkte ich erst später.

3. Der Schlüssel, der alle Türen öffnet

Die Erschließung des persönlichen Erfahrungsbereiches — z. B. durch Meditation — führt zwar auch zum Erleben schamanischer und märchenhafter Welten. Aber ohne skeptische Durchdringung, gedankliche und gefühlsmäßige Verarbeitung und erzählendes Sich-Öffnen bleibt der einzelne Mensch in einer elitären Erfahrungsgewißheit befangen. Eine Auseinandersetzung wird dann verweigert, eine Diskussion abgelehnt. In diesem Fall wäre jene Redewendung zu bedenken, die der Lama von Saskya, Ananda Dwaja Shri Bhadra, in seine im 13. Jhd. n. Chr. angelegte Sammlung mitaufgenommen hatte:

> *Meditation ohne Wissen mag eine Zeitlang gelingen, doch letzten Endes wird sie erfolglos bleiben; Gold und Silber lassen sich auch vollständig schmelzen, aber ist das Feuer fort, erstarren sie wieder.* **Stanza 228**[12]

Diese Redewendung weist nicht nur darauf hin, daß der eigenen Erfahrungsgewißheit zu mißtrauen ist, sondern sie erinnert auch daran, daß es mehr als nur eine einzige Wissensquelle gibt. Tatsächlich haben schon die frühbuddhistischen Denker deren drei unterschieden:

1. Die Tradition, zu der alle Überlieferungen gehören, vor allem die gesellschaftsrelevanten.

2. Die Logik und Metaphysik des sogenannten Rationalen unter striktem Ausschluß jeglicher Art von »außersinnlicher Wahrnehmung«.
3. Die Eigenerfahrung, die auf direktem persönlichen Erleben beruht. Dazu sind auch die schamanischen und märchenhaften Seelenfahrten zu zählen.[13]

Im 11. Jhd. brachte Marpa diese erkenntnistheoretische Betrachtungsweise zusammen mit vielen tantrischen Konzepten nach Tibet. Er hatte die Unterweisung von Naropa, dem bedeutendsten Tantriker der damaligen Zeit, erhalten und gab sie nun z. B. an Milarepa weiter. Der im Jahre 1153 verstorbene Gampopa lernte seinerseits von Milarepa, daß eine Lehre aus dem eigenen Inneren hervorbrechen muß und nicht mittels Auswendiglernen schulmäßig übernommen werden kann,[14] und pflegte dazu zu sagen: »Ein einziger Augenblick der Erleuchtung bzw. ein einziger flüchtiger Einblick in die große Weisheit ist wertvoller und kostbarer als alles Wissen, das man sich durch Bücherlesen, Anhören von Diskussionen und deren gedankliche Vertiefung aneignen kann.«[15] Dennoch warnte auch Gampopa vor der meditativen Erschließung von Erfahrungsbereichen ohne adäquate Vorbereitung mittels Studium und skeptischer Durchdringung des traditionellen Wissens: »Allzu schnell wird ein kurzer Einblick in die Realität mit der Verwirklichung der Einheit verwechselt — worauf das Ich das Bewußtsein verliert und in die Finsternis gelangt. Ohne Vorbereitung weiß das Ich nämlich nicht, wonach es Ausschau halten muß. Es erkennt also auch dann nichts, wenn es unmittelbar davor steht.«[16] Diesen Sachverhalt beschreibt Albert Einstein etwa achthundert Jahre später im Gespräch mit Werner Heisenberg folgendermaßen: »Vom prinzipiellen Standpunkt aus ist es ganz falsch, eine Theorie nur auf beobachtbare Größen gründen zu wollen. Denn es ist ja in Wirklichkeit genau umgekehrt. Erst die Theorie entscheidet darüber, was man beobachten kann.«[17]

Dies alles ist eine Herausforderung für jene, die eine realistische Einstellung zu verwirklichen gedenken, denn für sie wird es nun darum gehen, die Tradition zu berücksichtigen, sich einer vernünftigen Argumentation zu bedienen und die eigenen Erfahrungen mitzuleben. Und jetzt öffnet sich plötzlich die Tür zum verbotenen Raum, denn der Schlüssel ist offensichtlich kein materielles, sondern ein prinzipielles Hindernis gewesen. Es geht um die eigene Einstellung, die eine Tür verriegelt und den Zutritt zu einer der drei Quellen verwehrt. Also müssen die »schlüssigen« Verhaltensweisen wie Angst, Autoritätsgläubigkeit, gewohnheitsmäßiges Handeln, übertriebene Skepsis und noble Zurückhaltung verwandelt werden. Mit Hilfe der Erkenntnistheorie und der Bereitschaft, Erfahrungen zu machen, gelingt dies allemal — aber für diesen Dietrich braucht es ein stabiles und koordinationsfähiges Ich. Ein Ich, das willens ist, die Wissensquellen voneinander zu unterscheiden, furchtlos genug, sie sich immer wieder von neuem zu erschließen, und genügend spontan, sie je nach Bedarf zu benutzen. Und damit komme ich zu einem wesentlichen, vielleicht sogar zum wichtigsten Punkt meiner Ausführungen, zur Kontinuität des Ich-Bewußtseins.

»Eine Verlagerung und Veränderung des Erlebnisbereiches des Ichs ist nämlich nicht gleichbedeutend ... mit einem plötzlichen Bewußtseinsverlust.« (Illustration zum Grimmschen Märchen »Die Wichtelmänner«)

4. Die Kontinuität des Ich-Bewußtseins

Das letzte und wohl sperrigste Hindernis vor dem Eintritt in den »verbotenen« Raum der persönlichen Erfahrung ist die Meinung, das erlebende Ich müßte beim Übergang in die Märchen-, Traum- und Anderswelt unter allen Umständen einen Bewußtseinsverlust oder zumindest ein »abaissement du niveau mental« erleiden. Es heißt, das wache und wollende Bewußtsein würde während des Erlebnisses völlig abwesend sein. Diesbezüglich gibt es eine unerschöpfliche Fülle von Aussagen, die in irgendeiner Form von der Auflösung der Stabilität und Koordinationsfähigkeit des Ichs sprechen. Mit dem Versinken der äußeren Welt aus dem Wahrnehmungsbereich des Ichs — z. B. bei der intensiven Beschäftigung mit einer Sache oder beim Einschlafen — muß aber das Bewußtsein um die eigene Situation und die persönliche Identität nicht notwendigerweise verlorengehen. Eine Verlagerung und Veränderung des Erlebnisbereiches des Ichs ist nämlich nicht gleichbedeutend mit einer totalen suggestiven Absorption in eine nichtalltägliche Welt, mit einem plötzlichen Bewußtseinsverlust oder einem Versinken in den »Trancezustand«. In vielen Märchen wird nämlich die Bedeutung des Wachseins und Wachbleibens besonders hervorgehoben. So heißt es im Grimmschen Märchen »Der goldene Vogel«: »Der Jüngling legte sich also unter den Baum, wachte und ließ den Schlaf nicht Herr werden.« Das Abenteuer beginnt eben dort, wo andere — so zitiert Hans Findeisen einen Schamanen — »ohne Gedächtnis«[18] zurückbleiben.

Es mag sein, daß ein wissenschaftlich geschulter Beobachter einem Schamanen eine Bewußtlosigkeit zuspricht, wenn er ihn in »Trance« sieht. Allerdings wird dann etwas vorschnell der Zustand des sichtbaren Körpers mit dem Zustand des dem Körper »innewohnenden« Ichs gleichgesetzt. Der Beobachtete dagegen, der scheinbar bewußtlos auf der Erde liegt, reizunempfindlich, starr und bewegungsunfähig, schwebt möglicherweise aufrecht in einem »Zweitkörper« in der Nähe und beobachtet nun seinerseits aufmerksam die Umgebung und den Menschen, der ihn in seinem jetzigen Zustand nicht sehen kann. Manche ahnen nicht einmal, daß andere »außer sich« und damit »außerkörperlich« sind — und dabei vollumfänglich über die emotionalen und kognitiven Funktionen verfügen.

»Es geht um die eigene
Einstellung, die eine
Tür verriegelt und den
Zutritt zu einer der
drei Quellen verwehrt.«

5. Aufbruch

Meine These, viele Schamanen und Reisende im Märchenland würden über ein kontinuierliches Bewußtsein und damit über die emotionalen und kognitiven Funktionen verfügen, stützt sich sowohl auf eigene Erlebnisse als auch auf Indizien und direkte Aussagen u. a. in Märchenerzählungen. Abgesehen davon haben manche Schamanen selbst darauf hingewiesen, daß ihr Ich während der »Seelenreise« handlungsfähig bleibt und um seine Identität weiß.

Wenn man zu Bett geht, um zu schlafen, ist es möglich, das Ich-Bewußtsein und das Wahrnehmungsvermögen auf einen zweiten, offensichtlich »nicht-materiellen« Körper zu verlagern. Wenigstens hat man das Gefühl, daß dem so sei. Dieses »Umsteigen« kann auch völlig absichtslos, d. h. spontan, geschehen, wobei zunächst — vor allem für den unerfahrenen und ungeschulten Beobachter — vom Gefühl der Ich-Identität wie von den Körperempfindungen her kaum Unterschiede zum vorherigen Zustand auszumachen sind. Dies könnte einer der Gründe sein, weshalb in Märchen und Sagen manchmal lediglich gesagt wird: »Als sie einschlafen wollte, erwachte sie wieder«, oder: »Als er eingeschlafen war, wurde er wieder geweckt.« Diese Sprechweise entspricht einem Erleben, das sich nicht sonderlich um Abgrenzungen kümmert. Oft geschieht zudem der Übergang in die Anderswelt ohne aufsehenerregende Szenenwechsel, sondern fließend und beinahe unmerklich. Es sind dann nur geringfügigste Unterschiede der Umgebung, die der aufmerksame Beobachter als Hinweis auf den Wechsel der Erfahrungsebene zu erkennen vermag. Und diejenigen, die einer Geschichte zuhören, müssen sehr genau hinhören, um die minimen Andeutungen erfassen zu können. Die Märchen sind wie die Erzählungen von Schamanen und anderen »Seelenreisenden« praktisch von Bedeutung, denn sie sind vor allem für diejenigen eine Orientierungshilfe, die zum ersten Mal eine Welt jenseits des Alltäglichen betreten — und sich weder beim Übergang noch beim Aufenthalt in der Anderswelt zurechtfinden. Dann trägt das Wissen um »märchenhafte« Geschichten dazu bei, Ängste abzubauen. Das Ereignis der Seelenfahrt kann jedem Menschen zustoßen — und dann ist es sehr wichtig und vor allem beruhigend, schon etwas von einem aufziehenden Nebel und von Klappfelsen gehört zu haben, zu wissen, daß schreckliche Dinge dreimal hintereinander geschehen und feste Gegenstände durchdrungen werden können, daß Tiere sprechen und Menschen fliegen, daß es Tarnkappen, Siebenmeilenstiefel und Zaubersättel gibt — denn all dies gehört zur Wirklichkeit der Anderswelt und läßt sich nicht durch Interpretieren in ein theoretisches System eingliedern oder auf Wunschvorstellungen reduzieren. In der Anderswelt gelten andere Gesetze, und es braucht ein sich selbst und seines Zustandes bewußtes Ich, um sich situationsadäquat zu verhalten. Sonst geht es selbst und mit ihm eine Wirklichkeit zugrunde, die niemand verschlafen sollte, wenn er menschlich bleiben will.

»Das Ereignis der Seelenfahrt kann jedem Menschen zustoßen — und dann ist es sehr wichtig und vor allem beruhigend, ... zu wissen, daß es ... Zaubersättel gibt.«

6. Der alte König

Trotz seiner »Trancezustände« würde der Schamane — im Alltag — ein völlig intaktes Bewußtsein besitzen, heißt es manchmal — scheinbar liebenswürdigerweise und dennoch irgendwie abwertend. Im Grunde sei der Schamane doch ein ziemlich normaler Mensch, dem es (zum Glück) gelang, seine psychopathischen Dispositionen durch Selbstheilung in den Griff zu bekommen. — Damit kommt eine Anschauung zum Ausdruck, die möglicherweise auf Heraklit zurückgeht. Heraklit, schreibt Ernst Cassirer, fragte nämlich nach dem »Wie« und dem »Warum« und war der Meinung, daß die Wahrnehmung solche Fragen nicht zu beantworten vermag, daß es vielmehr das Denken sei, das die Antwort gibt, »denn hier, und hier allein, wird der Mensch von der Schranke seiner Individualität frei«[19]. Dies ist deshalb eine fatale Überzeichnung, weil durch sie die Quelle »Erfahrung« eliminiert und die Quelle »Logik-Logos« zur obersten Instanz gemacht wird. Der Mensch folgt dann nicht mehr »der ‚eigenen Meinung’, sondern er erfaßt ein Allgemeines und Göttliches«[20] — und schüttet auf diese Weise das Kind mit dem Bade aus. In der europäischen Geistesgeschichte tritt seit Heraklit ein universelles Weltgesetz »an die Stelle der idiä fronäsis, der ‚privaten’ Einsicht«, aufgrund derer der Mensch »der mythischen Traumwelt und der engen und begrenzten Welt der sinnlichen Wahrnehmung«[21] entrinnt. »Denn eben dies ist der Charakter des Wachens und Erwacht-Seins, daß die Individuen eine gemeinsame Welt besitzen, während im Traum jeder nur in seiner eigenen Welt lebt und in ihr befangen und versenkt bleibt. Damit war dem gesamten abendländischen Denken eine neue Aufgabe gestellt und eine Richtung eingepflanzt, von der es fortan nicht wieder abweichen konnte. Seit dieses Denken durch die Schule der griechischen Philosophie hindurchgegangen war, war alles Erkennen der Wirklichkeit gewissermaßen auf den Grundbegriff des ‚Logos' — und damit auf die ‚Logik' im weitesten Sinne — verpflichtet.«[22] — Ergibt sich also daraus ein unüberbrückbarer Abgrund zwischen Erfahrung und Logik, zwischen individuellen und gesellschaftlichen Bedürfnissen und Möglichkeiten? Oder, anders ausgedrückt, hat der alte König einen absoluten Herrschaftsanspruch? Wer vom eigenen Erleben erzählt, tut gut daran, an die »logischen« Ansprüche des absolutistischen Herrschers zu denken und diese auf irgendeine Art mitzuberücksichtigen. Könnte es sein, daß manches Märchen gerade von diesen Dingen berichtet? Ich würde diese Frage bejahen und meinen, daß es in unserer Kultur speziell die Märchen sind, die immer wieder darauf hinweisen, wie wichtig es ist, im persönlichen Erleben bewußtseinskontinuierlich zu bleiben. Nur so kommt die Bereitschaft, Verantwortung zu übernehmen, zum Tragen, nur so bleiben »Logos« und »Logik« erhalten, ohne daß die »mythische Traumwelt« verloren geht. Gibt es einen anderen Weg der Erlösung, einen anderen Weg der Einheit?

Wenn ich die Außerkörperlichkeit selbst erlebe, habe ich gefühlsmäßig die Gewißheit, außerhalb meiner physischen Leiblichkeit zu existieren, denn meine personale Integrität ist vorhanden. Das Ich verfügt über seine normale Stabilität und Koordinationsfähigkeit. Das Wahrnehmungsvermögen, die Gedächtnisleistungen, die Lernfähigkeit, der Denkstil, die Vorstellungs- und die Urteilsfähigkeit sowie die Beherrschung der Sprache bleiben bestehen und sind im üblichen Rahmen — oder sogar in erheblich gesteigerter Form — verfügbar. Die Kontinuität des Ichs, das Wissen um die eigene Ich-Identität und den spezifischen Zustand ist keineswegs abgeschwächt, die emotionalen und kognitiven Funktionen sind nicht gemindert oder sogar aufgelöst — sie bleiben auch im außerkörperlichen Zustand vollumfänglich erhalten. Dies ist eine erstaunliche, die menschliche Existenz bereichernde Tatsache, die unbedingt stärker beachtet werden sollte, zumal im Umfeld des Sterbens[23] oder in sonstigen Grenzsituationen[24] der außerkörperliche Zustand nicht immer angstfrei erlebt wird. — Vor allem der Spontanaustritt ist für viele angsterregend, weil es meistens keinerlei Anhaltspunkte gibt, die helfen, das Ereignis einzuordnen oder einfach als Erfahrungsmöglichkeit des In-der-Welt-Seins zu akzeptieren.

Der Allgemeinheit kann die persönliche Erfahrungsgewißheit nicht viel gelten, zumal die obersten Berater des alten Königs »Objektivität«, »Wiederholbarkeit« und »Linearität« heißen. Die mit ihnen verbundenen Einstellungen sind zusammen mit der sogenannten »Beweisbarkeit« dafür verantwortlich, daß die Helden vieler Märchen verbannt, ausgestoßen, mit scheinbar unlösbaren Aufgaben weggeschickt oder einfach nur entlassen werden. Die genannten Berater werden auch das Einbringen des »jenseitigen« Erfahrungsraumes zu verhindern wissen, weil sie sich z. B. nicht um einen

Wunsch wie den der »Königin vom goldenen Berg« kümmern werden. Diese Herrscherin aus dem Grimmschen Märchen hatte ihrem weltlichen Gemahl vor der Rückkehr in den Alltag einen Ring geschenkt, mit dessen Hilfe der Kaufmannssohn Raum und Zeit überwinden konnte. Bei der Übergabe sagte sie zu ihrem Mann, der den Wunsch hatte, seinen weltlichen Vater wiederzusehen: »Nur mußt du mir versprechen, daß du ihn nicht gebrauchst, mich von hier weg zu deinem Vater zu wünschen« (Grimms Märchen: »Der König vom goldenen Berg«). — Doch der Vater glaubte die Geschichte seines Sohnes nicht. Er bezweifelte sie vor allem deshalb, weil das äußere Erscheinungsbild (die Kleidung) seinen Vorstellungen nicht entsprach: »Das ist mir ein schöner König, der in einem zerlumpten Schäferrock hergeht.« — Und was tat der zornige junge Mann? Er drehte, ohne an sein Versprechen zu denken, den Ring herum und wünschte seine Gemahlin und sein Kind zu sich.

Jene, die die Außerkörperlichkeit selbst nicht erlebt haben, werden sich wohl kaum einzig aufgrund von Erzählungen persönlicher Erlebnisse zu einer ernsthaften Auseinandersetzung mit dem Erleben schamanischer und märchenhafter Seelenfahrten und den damit verbundenen theoretischen Implikationen und weltanschaulichen Fragen veranlaßt sehen. Für sie dürften Hinweise, die die Märchen geben, als Indizien vielleicht schwerer ins Gewicht fallen, weshalb ich mich vor allem auf Märchenaussagen beschränke. Diese Einschränkung ist nur eine scheinbare, denn bei der Anführung von Belegstellen wird es sich stets um Material handeln, das meinem persönlichen Erleben sehr ähnlich ist.

7. Ein Märchen

Vor Jahren habe ich ein Märchen gefunden, das zeigt, welche Bedeutung die Tataren der Kontinuität des Ich-Bewußtseins zusprechen. Es handelt sich um eine Heldensage, die aufgrund ihres Inhaltes als Zaubermärchen eingestuft werden kann. Die Erzählung wurde von M. A. Castrén 1857 im Band »Ethnologische Vorlesungen über altaische Völker nebst samojedischen Märchen und tatarischen Heldensagen« unter dem Titel KAN MIRGÄN, KOMDEI MIRGÄN UND KANNA KALAS veröffentlicht.[25]

In der »Sage« wird von Tataren erzählt, die über ihren »außerkörperlichen« Zustand Bescheid wissen und sich an ihre eigene Identität und die soziale Stellung im Alltag erinnern. Und dies ist ja das Charakteristische der Bewußtseins-Kontinuität. Das Ich ist fähig, die Wirklichkeitsebene zu erkennen, in der es existiert und sie von anderen zu unterscheiden. Es verfügt über ein stabiles und koordinationsfähiges Bewußtsein. Die emotionalen und kognitiven Funktionen sind ebenso intakt wie das Wahrnehmungsvermögen, die Lernfähigkeit und der sprachliche Ausdruck. Die Dinge können beurteilt werden und die gefühlsmäßigen Bewertungskriterien und die intuitiven Einsichten spielen eine wesentliche Rolle.

Die Geschichte selbst beginnt heldenhaft: Kulate Mirgän, Vater eines Mädchens und eines Knaben, weigert sich, Tribut zu entrichten, und tötet deshalb die mächtigen Fürsten Kalangar Taidji und Katai Chan.

Deren Schwager, Sokai Alten, ringt später mit Kulate Mirgän sieben Monate lang und nimmt ihm schließlich das Leben. Als der Sohn des Kulate Mirgän, Komdei Mirgän, vernimmt, daß sein Vater getötet worden sei, macht er sich auf, den Tod seines Vaters zu rächen und erschießt Sokai Alten mit einem Pfeil. Als er aber den Herrschaftsbereich des Sokai Alten in Besitz nehmen will, begegnet ihm ein schwarzer Fuchs, dessen Spur er nachjagt, bis sein Pferd stürzt und der Reiter sich deswegen ein Bein bricht. Und in diesem Augenblick kommt es zu einem Einbruch einer anderen Wirklichkeitsebene in Form eines aus der Erde steigenden Stieres mit vierzig Hörnern, auf dem ein Wesen mit neun Köpfen reitet. Dieses Wesen schlägt Komdei Mirgän den Kopf ab und begibt sich mit der grausigen Trophäe in sein Reich unter der Erde. »Komdei's Roß kehrte aber wieder heim. Als Mutter und Schwester das Roß ohne Herrn wiederkehren sehen, weinten sie sieben Tage lang Tag und Nacht ohne Unterlaß.«[26] Am siebten Tag besteigt Kubaiko das Roß ihres Bruders und reitet davon, den Bruder zu suchen.

Auf dieser Suchfahrt geschehen nun Dinge, die darauf hinweisen, daß sich die Heldin der Tatsache bewußt wird und bewußt bleibt, nicht in alltäglichen Gefilden zu reisen. Als erstes wird der Wechsel vom Alltäglichen zum Märchenhaften bzw. zum »Jenseitigen« deutlich: »Kubaiko ritt vorwärts und sah lauter hohe Berge und weite Meere. Auf dem Wege fragte sie ihr Roß, weshalb es sie in solche unzugänglichen Gegenden bringe. Und das Roß antwortete, daß Helden und Heldenrosse nie auf besseren Wegen reisen.«[27] »So führ mich«, sprach das Mädchen, »wohin es dich beliebt, aber zeige mir nur die Stelle, wo mein Vater und mein Bruder getötet worden sind.«[28] — Der Wechsel von der Alltags- zur Märchenebene kann, in bezug auf die Kontinuität des Ich-Bewußtseins, ohne Unterbruch erfolgen: Der Ritt beginnt in gewohnter Umgebung und findet seine Fortsetzung in einer durch hohe Berge und weite Meere gekennzeichneten Landschaft. Dieser Umgebungswechsel ist in der Praxis der außerkörperlichen Seinsweise deshalb wichtig, weil er das Ich auf seinen besonderen Zustand aufmerksam werden läßt und es dazu veranlaßt, eine Zustandskontrolle durchzuführen. Wegen des — verglichen zum Alltag — unveränderten Ich-Bewußtseins kann nämlich, zumindest zu Beginn des außerkörperlichen Zustandes, oft kein Unterschied zur Alltagssituation festgestellt werden.[29]

Für eine Zustandskontrolle braucht es ein intaktes Wahrnehmungs- und Erinnerungsvermögen, denn die verschiedenen Wirklichkeitsebenen unterschieden sich vor allem in ihrem Aussehen und ganz besonders in ihrem Spektrum an Möglichkeiten, d. h. ihrer Regelhaftigkeit und Gesetzmäßigkeit. Diesseits gibt es z. B. in der Nähe der Wohn- und Arbeitsstätte keine hohen Berge und weiten Meere. — Kubaiko sieht sich um und bemerkt, daß die Landschaft nicht der gewohnten entspricht, und die Gegend unzugänglich und mit normalen Mitteln nicht begehbar ist. Für sie und für die mit diesen Gegebenheiten vertrauten Zuhörer mag dies ein erster Hinweis auf den vollzogenen Zustandswechsel sein. Dem Mädchen genügt er offensichtlich als Anstoß zu einer direkten Frage an das Pferd. Dieses Verhalten ist im Alltagsbereich unüblich, im märchenhaften jedoch situationsadäquat. Jene, denen Märchen keine phantasmagorischen Hirngespinste sind, werden dies ohne weiteres begreifen. Tiere, die sprechen können, sind im schamanischen und märchenhaften Erlebnisbereich nichts Außergewöhnliches. (Sollte das angesprochene Tierwesen aber nicht antworten, könnte sich das Ich in der Bestimmung seines Zustandes geirrt haben und müßte zu seinem eigenen Vorteil die Wirklichkeitsebene auf eine andere Art bestimmen). — Kubaiko aber befragt ihr Roß ohne zu zögern.

Interessant ist die Tatsache, daß auch das Pferd in seiner Antwort ein traditionelles Wissen bezeugt, indem es darauf hinweist, »daß Helden und Heldenrosse nie auf bessern Wegen reisen«.[30] Aus der Antwort des Reittieres würden sich für einen »normalen Westeuropäer« — falls er überhaupt in eine ähnliche Situation gerät — weitreichende theoretische und praktische Implikationen ergeben. Dies dürfte eben der Grund dafür sein, daß derartige Kommunikationsweisen äußerst selten vorkommen und gar nicht ernsthaft in Betracht gezogen werden. In der tatarischen Heldensage von Kubaiko und Komdei Mirgän gibt es dagegen noch mehrere solcher »anstößiger« Stellen.

Die Bewußtseins-Kontinuität des Mädchens zeigt sich an ihrer — an die Auskunft des Pferdes sich anschließenden — Bitte, es möge sie an jene Orte führen, an denen Vater und Bruder den Tod gefunden haben. Kubaiko bittet nicht umsonst. Nachdem sie neun Tage bei der Leiche ihres Vaters und drei an der ihres Bruders geweint hat, läßt sie sich vom Roß in die Unterwelt tragen. Dieses zeitlich begrenzte Verweilen in einer alltagsähnlichen Umgebung weist u. a. auch auf die psychische Notwendigkeit der Trauerarbeit hin. Es ist aber auch typisch für schamanische Fahrten von Menschen, die bereits über einige Kenntnisse in bezug auf den schamanisch-außerkörperlichen Zustand verfügen, aber noch nicht über ein umfangreiches Wissen und vielfältige Erfahrungen. In diesem Fall wirken sich vor allem die unverarbeiteten Alltagserlebnisse so aus, daß sie das weitere Fortkommen so lange verhindern, bis die Angelegenheit aufgearbeitet ist.

7.1 Die Begegnung

In der Unterwelt angelangt, sieht Kubaiko Dinge, deren Andersartigkeit bzw. Diskrepanz zum Alltäglichen derart offensichtlich ist, daß sie sich darüber nur wundern kann. Im Märchen wird gesagt: »Das Mädchen erstaunte immer mehr über das, was sie sah, macht jedoch nicht Halt, sondern fährt fort zu reiten.«[31] Skeptiker, die eine schamanische oder märchenhafte Seelenfahrt ähnlich der Reise von Kubaiko unternehmen möchten, wählen mit Vorteil gerade diesen Satz als Motto für ihr Vorhaben.

Nun folgt im Zaubermärchen ein erster Abschnitt, der deutlich macht, welche Bedeutung der Bewußtseins-Kontinuität und Intersubjektivität im Tatarischen zukommt, ein Abschnitt, der zeigt, daß Begegnungen von Personen des Diesseits in der Anderswelt wenigstens für Völker, die eine schamanische Tradition und ein schamanisches Wissen haben, eine Realität sind: Als Kubai-ko »so reitet, begegnet ihr auf dem Wege ein Mädchen. Dieses setzte sich bei dem Anblick von Kubaiko auf die Erde und Kubaiko hielt zugleich ihr Roß an. Die Sitzende redet Kubaiko an und bittet sie vom Roß zu steigen. Kubaiko stieg sogleich vom Rosse und setzte sich an die Seite des sitzenden Mädchens. Kubaiko fragte die Sitzende, ob sie ein unterirdisches Wesen oder vielleicht im Lande des weißen Lichtes geboren sei. Die Sitzende antwortet, daß sie von Gott geschaffen sei, daß sie auf Erden gelebt und einen Bruder, Kan Mirgän gehabt habe. ‚In einer Nacht', fuhr die Sitzende fort, ‚als Kan Mirgän in seinem Zelte schlief, kam ein Bote von den beiden Heldenbrüdern Kalangar Taidji und Katai-Chan. Der Bote band meinen Bruder an Händen und Füßen, während er schlief; darauf nahm er ihn und brachte ihn zu den IRLE-CHAN's unter der Erde. Dieser Irle-Chan's gibt es acht, und der neunte ist ihr Ataman. Dieser Ataman läßt jetzt meinen Bruder brennen und ich bin hierhergekommen, um zuzusehen, ob ich ihn nicht befreien kann. In Irle-Chan's Wohnung gelangt, hörte ich einen so starken Lärm von Hammer-schlägen, daß ich nicht weiter zu gehen wagte, sondern zurückkehrte.' Das sitzende Mädchen KANARKO fügt hinzu: ‚Kommst du zu meinem Bruder, so gib ihm dieses Tuch, damit er sich den Schweiß abtrocknen könne, während er auf dem Feuer gebraten wird.' Drauf fragt Kanarko die Kubaiko, weshalb sie sich in die Unterwelt begeben und Kubaiko antwortet, daß sie ihren Bruder suche, dessen Kopf Djilbegän hingebracht hätte.«[32] Dann beschreibt Kanarko noch das Haus der Irle-Chan's. Als sie »ihre Rede beendet hatte, begab sie sich hinauf zum Sonnenland, Kubaiko aber setzte ihre Wanderung noch tiefer in die Unterwelt fort.«[33]

Die hier geschilderte Begegnung zweier junger Frauen, die »im Lande des weißen Lichts« wohnen bzw. auf der Erde leben, bestätigt die These, daß es märchenhafte Gestalten gibt, denen das Attribut »bewußtseinskontinuierlich« zugesprochen werden kann. Diejenigen, die derartige Erzählungen im Felde protokollieren und weder das Konzept der Außerkörperlichkeit kennen noch über eigene Erfahrungen verfügen, werden solche Teile von Erzählungen zwar gewissenhaft aufzeichnen, aber gleichzeitig auch irgendwie überhören. Denn ohne persönlichen Erfahrungshintergrund und ohne ein theoretisches Konzept, das die Außerkörperlichkeit als beobachtbar bezeichnet, verharren gewisse Aussagen in der Nebensächlichkeit. Wer dagegen das »Schamanische und Märchenhafte« selbst erlebt hat, erkennt diese Dinge sofort. Niemand muß ihn ausdrücklich auf solche Sachverhalte aufmerksam machen, denn sie sind ihm bekannt. Es besteht somit kein Grund — weder in der tatarischen Geschichte noch in den Märchen — auf Selbstverständliches hinzuweisen. Zum Mißverständnis kommt es nur, wenn das Weltbild sich derart wandelt, daß der schamanisch-märchenhafte Erlebnisbereich als unwirklich, traumhaft und irrelevant eingestuft bzw. als wahnhaft bezeichnet wird. Die Verpflichtung auf ein Paradigma, das einem Weltbild entstammt, das nichts von der Außerkörperlichkeit weiß, führt zwangsweise zu systemkonformen, umständlichen Erklärungen und zur Kennzeichnung »paranormal-nebensächlich«.

Konformität und Zielgerichtetheit erweisen sich bei

der Erschließung märchenhafter und schamanischer Erlebniswelten als untaugliche Mittel. Und die dogmatisch vertretene Ansicht, selbstreflexive Ich-Identität und Bewußtseins-Stabilität seien auf den Wachzustand des physischen Körpers beschränkt, verbietet apriori eine Begegnung wie die zwischen Kubaiko und Kanarko. Diese beiden Mädchen fassen die Wirklichkeit bestimmt nicht eindimensional auf. Die Alltagsrealität hat für sie keinen Ausschließlichkeitscharakter, denn Eindimensionalität ist bei einem Volk wie den Tataren höchstens eine Folge der »zivilisatorischen Errungenschaften«. An dieser Stelle möchte ich noch auf einen anderen Aspekt der Erschließung der Anderswelt hinweisen, denn dessen Berücksichtigung erhellt die gesellschaftsregulierende und heilmachende Funktion der Schamanen und Märchenhelden: Die Kontinuität des Ich-Bewußtseins läßt sich mit Verdrängung nicht vereinbaren. Einem bewußtseinskontinuierlichen Ich wird alles fragwürdig erscheinen, und es ist gewissermaßen um der Selbsterhaltung willen genötigt, selbst- und gesellschaftskritisch zu sein. Sonst würde es nämlich zu irgendeinem Zeitpunkt an irgendeinem Ort ein »abaissement du niveau mental« erleiden und »depersonalisiert« werden. Bleibt das Ich aber luzid, ist es ihm möglich, auch die »andere Seite« wahrzunehmen — und es ist in der Lage, dem Ganz-Anderen Gehör zu verschaffen, statt es zu verdrängen. Kontinuität verlangt den vollen Einsatz für die andere Wirklichkeit — ungeachtet deren Andersartigkeit. Und weil schamanische und märchenhafte Welten überaus erschütternd sein können — Kanarko z. B. hörte »einen so starken Lärm von Hammerschlägen«, daß sie nicht weiterzugehen wagte —, sind jene, die den Mut haben, sie zu begehen, darauf angewiesen, in einem Alltag zu leben, der einigermaßen ruhig und stabil bleibt. Wenigstens sollte bei der Rückkehr die Gewähr bestehen, daß der gewohnte Rahmen vorhanden ist. Wenn sowohl die gesellschaftlichen als auch die persönlichen Verhältnisse desparat sind, wird die Suchfahrt kaum gelingen.

Nun aber zurück zu den beiden Mädchen in der Unterwelt. Kubaiko und Kanarko sind sich auf der Erde, im Land der Sonne, noch niemals persönlich begegnet. Daß sich ihre Wege in der Unterwelt kreuzen, ist nicht rein zufällig. Was sie verbindet, ist das Schicksal der Brüder und die Absicht, sie zu befreien. Der rein formale Ablauf der Begegnung deutet darauf hin, daß sowohl Kubaiko wie Kanarko in einer Tradition aufgewachsen sind, die ein Zusammentreffen von Personen des Alltags in der Unterwelt prinzipiell für möglich hält und als tatsächliches Ereignis anerkennt, als Ereignis, bei dessen Zustandekommen bestimmte Konventionen zu beachten sind. In unserer modernen, technologisch orientierten Zivilisation sind solche Begegnungen nur sehr schwer zu realisieren, denn das gesellschaftliche Umfeld und die innere Einstellung sprechen dagegen. Außerdem ist kaum jemand bereit, z.B. den Abstieg in die Unterwelt zu wagen und die dafür notwendigen Vorausleistungen zu erbringen und jene Proben zu bestehen, die es durchzustehen gilt, bevor die Große Kostbarkeit erlangt werden kann. Auch davon weiß das tatarische Zaubermärchen, die »Heldensage«, zu berichten. Dieser Teil der Geschichte von Kubaiko erhellt die Notwendigkeit der Ich-Bewußtseins-Kontinuität zusätzlich, denn es zeigt sich auf der Suchfahrt des Mädchens immer wieder, daß Verständnis, Denkvermögen und Gedächtnis für die Entscheidungsfindung von ausschlaggebender Bedeutung sind: Kubaiko gibt das Vorhaben, ihren Bruder zu finden und zu erlösen, nicht auf, sie kann Inschriften lesen und verstehen, ist fähig, trotz großer Ängste auszuharren und vernünftig zu handeln, und das Mädchen ist sogar bereit, die ihr auferlegten Aufgaben zu erfüllen. Von besonderem Interesse ist ferner die Tatsache, daß die Irle-Chane der fragenden Kubaiko verschiedene Szenen erklären, die sie unterwegs gesehen aber nicht verstanden hat. Dieses »Detail« werden vor allem jene zu beachten haben, die der Auffassung sind, »Trauminhalte« könnten erst nach dem Wiedereintritt des Ichs in den Alltag interpretiert bzw. verstanden und erklärt werden. Das Gegenteil ist zutreffend: Einem luziden Ich ist es jederzeit möglich — auch im »Traum« — zu deuten oder sich Sachverhalte von den Wesen der Anderswelt erläutern zu lassen.

Bevor ich im Folgenden auf den wohl deutlichsten Hinweis auf die Kontinuität des Ich-Bewußtseins zu sprechen komme, will ich eine unscheinbare Nebensächlichkeit in dieser tatarischen Geschichte erwähnen. Sie erinnert die Zuhörer oder die Leser des Märchens daran, daß die Unterschiedlichkeit der Welt, von der erzählt wird, von verschiedenen Figuren wahrgenommen werden kann. Denn nicht nur die Heldin Kubaiko und das Mädchen Kanarko wissen um ihren spezifischen Zustand, wissen um die Situation, in der sie sich befinden. Dies wird folgendermaßen zum Ausdruck gebracht:

Als Kubaiko in den Raum kam, in dem Kan Mirgän,

der Bruder von Kanarko, verbrannt wurde, sah dieser das Mädchen und erinnerte »sich seiner zu Hause gebliebenen Schwester, fing an zu weinen und fragte Kubaiko um die Ursache ihres Erscheinens. Darauf bat er Kubaiko, seine daheimweilende Schwester Kanarko in ihr Zelt zu nehmen und sie wie ihre eigene Schwester zu behandeln.«[34]

Wer in einem Traum luzid wird, dem wird es wie Kan Mirgän ergehen. Zur Bewußtwerdung der eigenen Situation kann es schrittweise oder abrupt kommen, die Ursache dafür ist verschiedenartig. Menschen, die in einer Kultur aufgewachsen sind, die keine explizite Unterweisung in bezug auf derartige »nächtliche« Erfahrungen anbietet, werden allerdings beim situationserfassenden Erwachen derart erschrecken und sich dermaßen ängstigen, daß sie sofort — im Bett — erwachen. Die Bezeichnung »hellwach« meint »normalerweise« eben einen Körperzustand. Sie bezieht sich nicht ausschließlich auf den Zustand des Ichs, weshalb luzid gewordene »Träumer« geradezu zwanghaft auf die Alltagsebene in den irdischen Leib zurückkatapultiert werden. Als treibende Kraft wirkt die weltbildkonforme Einstellung, denn eine Körperzustandsform, der die Luzidität monopolartig zugesprochen wird, grenzt »per definitionem« den bewußt wahrgenommenen Erlebnisbereich des Ichs auf eine einzige Seinsebene ein — auf den Alltag. Das Märchenhafte ist für diese Anschauung nur epiphänomenal und phantasmagorisch — es kann und darf keine Eigenständigkeit besitzen, es ist und bleibt traumhaft im Gegensatz zur Wirklichkeit des Alltäglichen. Was läßt sich dieser Meinung entgegenstellen? Zum einen die eigene Erfahrung und zum anderen — wie ebenfalls schon erwähnt — die deutliche Sprache der Zaubermärchen. — Eigenerfahrung und Zaubermärchen sind kritisch mit Hilfe der Erkenntnistheorie zu sichten, sonst bleiben sie naiv, unbescholten und wirkungslos, sie verharren in der Bedeutungslosigkeit des Irrelevanten und werden höchstens am Rande — eben als Kindergeschichten und Fantastika — toleriert. Diese Gefahr ist sogar in der tatarischen Geschichte angedeutet, denn es gelingt Kubaiko nicht, den Bruder wieder zur Besinnung zu bringen, obwohl sie dessen Körperhaftigkeit durch Herbeibringung des Kopfes vervollständigt und die Leiche durch Bespritzen mit Lebenswasser wiederbelebt. Einer der Gründe für diese Unfähigkeit ist Kubaikos Unvermögen, Wirklichkeitsebenen exakt auseinanderzuhalten. Bei ihr schieben sich verschiedene Welten mit unterschiedlichen Gesetzmäßigkeiten ineinander. Solche Ebenenüberlappungen sind oft eine Folge mangelnder Erfahrung und vor allem eine Folge unterlassener erkenntniskritischer Überlegungen. Kubaiko aber kennt kein Mittel, um ihren Bruder »wieder zum Leben zu bringen«.[35] Es ist denn auch nicht das Mädchen, das die ganze Angelegenheit zu einem allseits befriedigenden Ende bringt. Dazu bedarf es noch der Hilfe von Kanna Kalas, der Komdei Mirgän zur Besinnung bringen kann, und des Beistandes von Kan Mirgän. Von diesen drei Männern ist Kanna Kalas derjenige, der vater- und mutterlos aufgewachsen ist. Als Waise entspricht er dem jüngsten Sohn bzw. der jüngsten Tochter, die in manchen Märchen die Suchfahrt erfolgreich abschließen. Sie alle sind »weit« vom direkten väterlich-paradigmatischen Einfluß entfernt und genießen eine Art Narrenfreiheit. Diese Distanz

erlaubt es ihnen, Probleme unkonventionell anzupak-
ken und zu lösen, sie sind wesentlich ungebundener als
die unter strenger Zucht aufgewachsenen und »thron-
folgemäßig« erzogenen Kinder. Dies ist jedoch keine
strikte Regel, sondern bloß der »wahrscheinlichere
Fall«. In der tatarischen Geschichte wird die Rolle des
Jüngsten vom Waisenkind Kanna Kalas übernommen.
Kan Mirgän und Komdei Mirgän gehorchen nun seinen
Befehlen. Und zusammen machen sie sich — ohne
Kubaiko — auf, »immer tiefer unter die Erde hineinzureiten«.[36]

7.2   Schamanen leben hüben
und drüben

Als die drei Helden »ein Stück Weges geritten waren,
begegneten sie einem alten Manne, der in eine grüne
Kleidung gekleidet war«,[37] auf einem dunkelgrauen
Pferd ritt und von sieben Hunden begleitet wurde.
»Kan Mirgän fragte den Alten, wer er wäre, und der Alte
versprach, über sich Auskunft zu geben, wenn Kan
Mirgän und die übrigen Helden die Güte haben wollten,
von ihren Rossen abzusteigen. Dies taten sie auch,
ebenso wie der Alte. Alle setzten sich nun auf die Erde
nieder, und der Alte«[38] sagte den drei Helden auf den
Kopf zu, was er von ihnen wußte, und schloß seine
Ausführungen mit den Worten: »Wollet ihr etwas mehr

wissen, so sehen wir einander im Sonnenlande wieder.«[39]

Um nur an einem Beispiel zu zeigen, wie sehr die Erfahrung eines Westeuropäers der eines Tataren bzw. eines Märchenhelden ähnlich sein kann, weise ich auf das in meinem Buch »Quellen der Nacht« ausführlich erzählte und kommentierte Erlebnis vom 24. November 1970 hin. Dort kommt es zu einer Begegnung mit einem uralten Indianerhäuptling, der ein mächtiger und ehrfurchtsgebietender Mann ist. Alle werfen sich vor ihm zu Boden und bezeugen auf diese Weise ihre Ehrerbietung. Ich selbst mache trotz meiner Furcht nur eine tiefe Verbeugung. Dann fordert mich der Alte jedoch zum Hinsetzen auf und erklärt, daß ich nicht stehen bleiben dürfe, um beim Gespräch nicht den Eindruck zu erwecken, größer als er selbst zu sein. Nachdem wir beide uns niedergelassen haben, sprechen wir miteinander.[40]

Und wie geht es im tatarischen Zaubermärchen weiter? Nachdem die drei Heldenbrüder noch einige Abenteuer bestanden hatten, »begaben sie sich ins Sonnenland und waren kaum aus dem Loche gekommen, als der Alte mit den sieben Hunden ihnen entgegen kam. Die drei Helden fielen dem Alten sofort zu Füßen und fragten ihn, was für ein Mann er wäre.«[41] Und der Alte antwortete: » Gott hat bestimmt, daß ich sowohl auf als unter der Erde wandern soll.«[42] Er hat »mir eine solche Macht gegeben, daß ich die Betrübten trösten und erfreuen und dagegen die Allzufrohen betrüben kann. Das Gemüt derer, die sich allzusehr anstrengen, kann ich gleicher Weise verändern, so daß sie auch heitern Zeitvertreib lieben. Ich heiße KÖGEL-CHAN und bin ein Schaman, der die Zukunft, die

Vergangenheit und alles, was sich in der Gegenwart sowohl über als unter der Erde zuträgt, weiß.«[43] — »Laß uns da wissen«, sagte Kanna Kalas, »was man bei uns, fern in der Heimat, macht; wenn du aber nicht die Wahrheit sagst, so hauen wir dir den Hals ab.«[44] »Der Greis zog seine Schamanenkleidung an und begann zu zaubern. Er zauberte und sagte ihnen allen die reine und wirkliche Wahrheit.«[45]

Das Ende der Geschichte ist dann für alle Beteiligten zufriedenstellend: Der Schamane geht seiner eigenen Wege und reitet davon, Kanna Kalas heiratet die Kubaiko und Komdei Mirgän die Kanarko. Kan Mirgän, der schon verheiratet ist, bleibt daheim in seinem Zelt bei seiner Familie und lebt fortan wie die anderen in Frieden, und »weder Krankheit noch Tod hatten Macht über dieselben.«[46]

Die tatarische Erzählung gibt einen überaus deutlichen Hinweis auf die Kontinuität des Ich-Bewußtseins. Noch genauere Aussagen finden sich in gewissen tibetischen Schriften, die Evans-Wentz unter dem Titel »Tibetan Yoga and Secret Doctrines« veröffentlich hat. Um die Texte aber in ihren Konsequenzen zu erfassen, bedarf es eines Ichs, das die Multidimensionalität des Seins und die Kontinuität des Ich-Bewußtseins einige Male selbst erfahren hat. Und dies ist genau der Haken an der ganzen Sache: Es braucht eben ein subjektives Erleben, um Objektivität zu erlangen und schließlich zu erkennen, daß Subjekt und Objekt nur die beiden Seiten ein und derselben Münze sind. Und wieder müßte man Erkenntnistheorie betreiben, um »weiterzukommen«. Ich möchte jedoch zum Schluß noch eine andere Geschichte erzählen.

8.   Die Feuerprobe

Auf einer meiner nächtlichen Reisen stoße ich in der Nacht auf den 27. Dezember 1974 auf einen aus großen Zelten bestehenden Gebäudekomplex, in dem etwa hundert Indianer leben. Das Zelthaus ist ein Stockwerk hoch und unterkellert. Von den Schlafräumen im ersten Stock führt eine angebaute Holztreppe auf die grasbewachsene Erde herunter. Auf der ersten Stufe steht ein Medizinmann, der eine Büffelmaske als Kopfbedeckung trägt. Er und die bei meiner Ankunft zusammengelaufenen Indianer schauen mich mißtrauisch an. Kaum einer ist freundlich gesinnt. Die Blicke verheißen nichts Gutes. Ich werde belauert, und alle scheinen darauf zu warten, daß ich etwas tue, das »meinen Untergang beschleunigt«. Merkwürdigerweise scheinen aber auch alle zu wissen, daß ich gekommen bin, um den »Keller der Medizinmänner« zwecks Weiterbildung betreten zu dürfen. Mein Ansinnen ist aber ungemein provozierend, denn Außenstehenden wird es kaum jemals gestattet, die unterirdischen Räume zu betreten. Ich muß also irgendetwas tun, um mich zu legitimieren und um zu zeigen, daß ich berechtigterweise hierhergekommen bin und jene Fähigkeiten besitze, um unbeschadet die Welt unter der Erde betreten zu können.

Es ist nun an mir, zu zeigen, über welche Zauberkräfte und Intuition ich verfüge. Aus meiner Hosentasche nehme ich ein paar weiße Wattebäusche und sage: »Feuer wird entstehen.« Vorsichtig fasse ich die Watte mit der rechten Hand und führe sie langsam vor die

Mundöffnung, um anschließend tief und verhalten einige Male hintereinander den Bausch anzublasen. Bald verfärbt sich die weiße Watte. Es entstehen mehrere bläuliche und rötliche Punkte, die sich bei jedem Anblasen mehr und mehr ausdehnen. Wegen des starken Ein- und Ausatmens wird mir fast ein bißchen schwindlig, weshalb ich sehr genau auf die Atmungstechnik achte.

Und plötzlich entsteht Feuer. Durchsichtige, blaurote Flammen züngeln lustig hervor und wirbeln in die Luft hinaus. Damit alle den feurigen Wattebausch sehen können, halte ich ihn hoch. Die Gesichtszüge der umstehenden Indianer hellen sich auf. Offensichtlich sind alle erfreut und zufrieden ob des kleinen Kunststückchens. Die Probe ist bestanden. Der Zutritt zu den »Kellern der Medizinmänner« steht mir offen. Erwartungsvoll folge ich dem Medizinmann, der mir den Weg weist.

Wo sind also die verschlossenen Türen? Wenn das Ich bereit ist, gewisse Proben zu bestehen, erhält es Zutritt zu den verborgenen Räumen, Zugang zu nichtalltäglichen Wirklichkeiten — aber nur, wenn es auf ein gewaltsames Eindringen verzichtet.

Anmerkungen

[1] Vortrag, gehalten am 25. September 1983 in Bad Karlshafen im Rahmen der Internationalen Tagung vom 21.—25. 9. 1983 des Europäischen Märchenvereins.

[2] 1959:41.

[3] Cf. 2.

[4] Hetmann (1981) 1983:75.

[5] Cf. 4.

[6] Einladungsprospekt zur Internationalen Tagung der Europäischen Märchengesellschaft in Bad Karlshafen vom 21.-25. 9. 1983.

[7] Jayatilleke 1963:417.

[8] Gonda 1960:16.

[9] Märchen aus dem Bündnerland 1935:26—33 (die Kenntnis dieses Märchens verdanke ich einem freundlichen Hinweis von Marcel Frei). — Das Märchen ist im Anhang abgedruckt. Für die Erlaubnis, dieses Märchen im vollen Wortlaut wiedergeben zu können, sei an dieser Stelle dem Verlag Helbing & Lichtenhahn in Basel gedankt.

[10] Cf. 9 S. 26.

[11] Cf. 10.

[12] Evans-Wentz (1935) 1958:60 (Übersetzung von mir).

[13] Vgl. Jayatilleke 1963:169f, 416.

[14] Vgl. Rao 1977:87—88 und Rao 1979: 75—78, 89 (Übersetzung von mir).

[15] Vgl. Rao 1977:88 und Rao 1979:95 (Übersetzung von mir).

[16] Cf. 15.

[17] Einstein im Gespräch mit Heisenberg in: Heisenberg 1969:92.

[18] Findeisen 1954:149.

[19] Cassirer (1942) 1971:4.

[20] Cf. 19 S. 4—5.

[21] Cf. 19 S. 5.

[22] Cf. 21.

[23] Vgl. Hampe »Sterben ist doch ganz anders« (1975) und Moody »Leben nach dem Tod« ([1975] 1977).

[24] Vgl. Messner »Grenzbereich Todeszone« (1978).

[25] Castrén 1857:239—257. — Die tatarische Heldensage ist im Anhang abgedruckt.

[26] Cf. 25 S. 244.

[27] Cf. 26.

[28] Cf. 26.

[29] Über die Problematik der Zustands- und Bewußtseinskontrolle vgl. Zurfluh 1983:402, 426.

[30] Cf. 26.

[31] Cf. 25 S. 245.

[32] Cf. 25 S. 245—246.

[33] Cf. 25 S. 246.

[34] Cf. 25 S. 249.

[35] Cf. 25 S. 252.

[36] Cf. 25 S. 254.

[37] Cf. 36.

[38] Cf. 36.

[39] Cf. 25 S. 254—255.

[40] Vgl. Zurfluh 1983:153.

[41] Cf. 25 S. 256.

[42] Cf. 41.

[43] Cf. 41.

[44] Cf. 41.

[45] Cf. 41.

[46] Cf. 25 S. 257.

*»Entweder du kommst mit auf meines Vaters Schloß
oder ich schieße dich nieder.«*

Die Prinzessin aus alter Zeit[*]

Es war einmal ein König, der hatte einen Sohn. Den hat er studieren lassen, so viel und so lange, daß kein Schulmeister ihm mehr etwas beibringen konnte. Der König ließ nun alles bekannt geben, was der Prinz wußte und bemerkte dazu, wenn irgend einer wäre, der mehr wüßte als sein Sohn, der Prinz Gian, so solle der sich bei ihm melden. Diese Mitteilung ist auch dem Prinzen Gundi unter die Augen gekommen und er hat sich hingesetzt und hat dem König geschrieben, er wisse drei Worte mehr als der Prinz Gian. Sofort hat der König den Prinzen Gian zum Prinzen Gundi geschickt, damit er diese drei Worte lerne. Und es ist nicht lange gegangen, da hat er sie gewußt. Nun gingen die beiden Prinzen bald zur Kurzweil auf die Jagd, bald betrachteten sie die reichen Schätze im Schloß. So kam die Stunde heran, daß Prinz Gian wieder nach Hause mußte. Prinz Gundi begleitete ihn ein Stück weit und als er wieder umkehren wollte, hat ihn Prinz Gian gar sehr gebeten, doch noch ein Stück mitzukommen. Das hat er denn auch getan. Aber als sie in einen Wald kamen, hat Prinz Gian plötzlich eine geladene Pistole aus dem Sattel gezogen und sie dem Prinzen Gundi auf die Brust gesetzt. Dazu hat er gesagt: »Entweder du kommst mit auf meines Vaters Schloß oder ich schieße dich nieder. Tu was du willst. Ich liebe dich wie einen Bruder und was mein ist, soll auch dein sein. Und auch

* Abdruck mit freundlicher Erlaubnis des Helbing und Lichtenhahn Verlages in Basel.

mein Vater soll dich als seinen Sohn betrachten.« Gundi
hat sich's überlegt, am Ende aber doch gefunden, es sei
wohl besser mit Gian zu gehen und so sind sie zusammen dorthin geritten. Prinz Gian hat seinem Vater
gesagt, was sie ausgemacht hätten, und der war damit
zufrieden. Eines Tages hat er den Prinzen gesagt, sie
sollten sich das Schloß ganz ansehen, in alle Zimmer
gehen, bis auf eines. Er zeigte ihnen die Tür und verbot
ihnen aufs strengste dort einzutreten. Er gehe inzwi-
schen weit fort, um die Prinzessin aus alter Zeit zu
suchen.

Nach einiger Zeit sind die Prinzen eines Tages durch
das ganze Schloß geschritten und haben alle Zimmer
angesehen. Sie kamen auch an die verbotene Tür und
Prinz Gian sagte: »Nimmt mich doch wunder was da
drin ist, das wir nicht sehen dürfen.« Der Schlüssel
steckte im Schloß und plötzlich sagte der Prinz: »Ach
was, wir gehen hinein!« Prinz Gundi aber wollte nicht,
sie hätten es dem König versprochen und müßten ihr
Wort halten. Aber Gian ist Meister geworden und so
sind sie Beide ins Zimmer gegangen. Da war nichts zu
sehen als ein Tisch und ein gewaltiges altes Buch, das
aufgeschlagen darauf lag. Die Prinzen begannen die
Blätter zu wenden — da stand plötzlich der König vor
ihnen und fragte sie mit strenger Miene, warum sie ihm
nicht gehorcht hätten. Sie versuchten allerlei Ausreden,
aber der König hat gesagt: »Ich hätte die Prinzessin aus
alter Zeit gefunden, wenn ihre eure Neugierde bezwun-
gen hättet. Nun jage ich euch Beide aus dem Schloß.
Macht daß ihr fortkommt, und kehrt mir nicht zurück
bevor ihr die Prinzessin aus alter Zeit gefunden habt!«

Am nächsten Morgen sind die beiden Prinzen fortgeritten, aber sie wußten nicht wohin. Sie hatten beide ungeheuer viel studiert, aber von der Prinzessin aus alter Zeit hatten sie nie ein Wort gehört. Abends spät kamen sie an eine Hütte, und sie sind hineingegangen um Unterkunft zu fragen. Im Zimmer brannte auf dem Tisch ein Talglicht, aber es war fast kein Talg mehr auf der Pfanne. So haben sie gewartet, in der Meinung, es werde wohl jemand kommen und das Talg nachfüllen. Es ist aber niemand gekommen. Da haben sie sich entschlossen, sich in das Bett zu legen, das dort in einer Ecke stand. Prinz Gian hat sehr bald angefangen tapfer zu schnarchen. Prinz Gundi aber ist wach geblieben.

Plötzlich hat sich die Tür geöffnet und drei Frauen sind eingetreten, eine nach der anderen. Die letzte und kleinste hat gesagt: »Guten Abend, Schwestern, was gibts Neues?« Die erste, die Älteste, hat geantwortet: »Das Neueste ist, daß Prinz Gian und Prinz Gundi hier im Bette liegen.« »Aber was wollen die hier?« hat die Kleine gefragt. Die Älteste aber hat gesagt: »Eine Gexnase wie du braucht nicht Alles zu wissen.« »O, das kannst du mir schon sagen«, hat die Kleine gemeint. Und die Älteste: »Sie suchen die Prinzessin aus alter Zeit.« Da hat die Kleine gefragt: »Ach nein — und wo ist sie?« »Eine Gexnase wie du braucht nicht Alles zu wissen« hat die Andere geantwortet. »O sag es doch« hat die Kleine gebeten. »Sie ist in dem und dem Schloß« hat die Älteste erwidert. »Und wie muß man's machen, daß man zu ihr kommt?« »Um zu ihr zu kommen, muß man vor 11 Uhr Nachts vor dem Schlosse sein. Schlag 11 gehen alle Türen auf und sie bleiben offen bis 12 Uhr. In dieser Stunde muß man mit ihr aus dem Schlosse gehen.« Dann sind alle drei wieder hinausgegangen.

Prinz Gundi hatte gut zugehört und sich Alles gemerkt. Am Morgen sind sie fortgeritten, Prinz Gundi in schnellem Trab immer etwas voraus. Prinz Gian aber ist zornig geworden über diese Eile, man wisse ja doch nicht, wohin man komme. Am Abend um 11 Uhr aber haben sie richtig vor einem alten Schlosse gehalten. Die Tore haben sich geöffnet und sie sind eilends ins Schloß gestürzt, haben die Prinzessin aus ihrem Bette geholt und sind mit ihr zum Tor gelaufen, das wirklich noch offen stand. Dann sind sie zurückgeritten und am späten Abend wieder zu der Hütte gekommen, wo sie übernachtet hatten. Auf dem Tisch stand das fast ganz heruntergebrannte Talglicht, aber Niemand zeigte sich sonst. Die Prinzessin und Prinz Gian sind bald eingeschlafen. Prinz Gundi aber ist wach geblieben, um zu horchen, was die Schwestern wohl sagen würden. Sie sind denn auch bald gekommen, die Alte voraus, die Junge zuletzt. Die Kleine hat wieder gefragt: »Guten Abend Schwestern, was gibt's Neues?« Da hat die Alte geantwortet: »Daß Prinz Gian und Prinz Gundi mit der Prinzessin dort im Bette schlafen.« »Schau, schau! Also haben sie sie gefunden und haben getan, was du ihnen geraten hast. Aber was wird der König dazu sagen?« »Eine Gexnase wie du braucht nicht Alles zu wissen«, war die Antwort. »O sag es mir doch«, hat die Kleine gebeten. Darauf hat die Alte gesagt: »Morgen, wenn die Prinzen schon ein Stück weit sind, werden ihnen zwei Ritter des Königs begegnen. Der König weiß ja schon längst, daß sie die Prinzessin haben. Er schickt ihnen die Ritter mit zwei prachtvollen Prunkgewändern — die sind aber vergiftet. Ziehen die Prinzen sie an, so sind sie verloren. Einer muß sie über den Kopf nach hinten

»Prinz Gian hat sehr bald angefangen, tapfer zu schnarchen.
Prinz Gundi aber ist wach geblieben.«

werfen, dann verschwinden sie spurlos. Vor dem Schloß wird der König sie empfangen und jedem einen Becher Wein reichen, aber er ist vergiftet. Man muß die Becher über den Kopf zurückwerfen, dann verschwinden sie, daß Niemand sie mehr sieht. Zugleich wird sich ein starker Wind mit heftigem Gestank erheben und den König fortblasen, daß er für immer verschwindet.« »Und welcher von Beiden heiratet die Prinzessin?« fragte die neugierige Kleine. »Das weiß der schon, der heiraten will«, antwortete die Alte. »Aber am ersten Abend, da sie beisammen sind, wird ein großer schwarzer Vogel zum Fenster hereinfliegen und wird der Prinzessin einen Strich über die Stirne ziehen; den muß man sofort mit einem Tuch wegwischen, dann wird sie schön und liebenswert, sonst wird sie häßlich und böse.« Dann hat die Alte laut gerufen: »Prinz Gundi!« Es hat aber Niemand geantwortet. Erst beim dritten Rufe hat Prinz Gundi gesagt: »Was ist?« Die Alte hat gesagt: »Prinz Gundi, du hast nicht geschlafen, vielmehr Alles gehört. So geh hin und tue so. Aber hüte dich wohl, irgend einem Menschen zu sagen, was du hier gehört hast. Sonst wirst du in einen Stein verwandelt.« Damit sind die Schwestern gegangen.

Am Morgen sind die Prinzessin und die beiden Prinzen in der Richtung auf das Schloß geritten. Sehr bald treffen sie auf zwei Ritter des Königs. Die haben sie mit viel schönen Worten und Reverenzen begrüßt: der König habe schon erfahren, daß sie die Prinzessin gefunden hätten und er sende ihnen zum Willkomm zwei schöne neue Gewänder. Prinz Gian wollte das seine sofort anziehen, Gundi aber hat gesagt: »Wir sind Brüder; gib mir dein Gewand; ich möchte sehen, ob es

auch ganz gleich ist wie das meine.« Kaum hatte er beide
Gewänder, so hat er sie über seinen Kopf zurückgewor-
fen und sie sind in einem Hui verschwunden. Prinz Gian
war gar nicht zufrieden damit und hat Gundi einen
Narren genannt. Vor dem Schloß stand der König,
empfing sie mit schönen Worten und gab jedem von den
Prinzen einen Becher Wein. Prinz Gundi hat geschwind
beide genommen und sie über seinen Kopf zurückge-
worfen. Sie sind sofort verschwunden und es hat sich ein
heftiger Wind mit entsetzlichem Gestank erhoben. Im
gleichen Augenblick ist der König, der ein böser
Hexenmeister war, für alle Zeit vom Erdboden verschwunden. -

Die Prinzen sind mit der Prinzessin ins Schloß
gegangen und einige Tage dort geblieben. Dann hat
Prinz Gian dem Prinzen Gundi gesagt, er solle die
Prinzessin heiraten, die gehöre ihm, denn er habe
gewußt wo und wie sie zu finden sei. Er selbst habe ja gar
nichts dazu getan. Prinz Gundi aber hat die Prinzessin
dem Prinzen Gian gelassen. So haben die eine schöne
Hochzeit gefeiert. Am Abend aber, bevor sie schlafen
gingen, hat Prinz Gundi einen Lappen genommen und
sich unter ihrem Bett versteckt. Richtig, kaum waren
die beiden eingeschlafen, so ist ein großer schwarzer
Vogel ins Fenster geflogen und hat der Prinzessin einen
Strich über die Stirn gezogen. Prinz Gundi ist schleu-
nigst unter dem Bett hervorgekrochen und hat mit
seinem Lappen den Strich fortgewischt. Er hat dabei
aber Prinz Gian berührt, so daß er aufgewacht ist. Als er
den anderen sah, wurde er zornig und sagte: »Ich habe
dir gutwillig die Prinzessin lassen wollen, du aber hast
nicht gewollt — und jetzt kannst du sie nicht einmal in

der ersten Nacht in Ruhe lassen? Dafür gibt es nur eine Strafe: den Tod.« Prinz Gundi hat nichts geantwortet als: »Was ich getan, habe ich nur zu deinem Besten getan.« Aber das hat Prinz Gian keineswegs begriffen.

Es kam der Tag, da Prinz Gundi hingerichtet werden sollte. Vorher aber hat er dem Prinzen Gian haargenau erzählt, was ihm die Schwestern in jener Hütte gesagt hatten — kaum war er damit zu Ende, so stand an seiner Stelle ein Stein. Jetzt hat auch Prinz Gian begriffen, was es für eine Bewandtnis hatte, aber jetzt war's zu spät. Prinz Gundi war ein Stein und blieb ein Stein.

Nach einiger Zeit hat die Prinzessin zwei Knaben das Leben gegeben. Ihr könnt euch denken, daß das eine große Freude für die Eltern war, aber der Stein, den sie immer vor sich hatten, machte sie oft traurig. Eines Tages sagte Prinz Gian zu seiner Frau: »Ich hätte große Lust in die Hütte zu gehen und die Schwestern zu fragen, ob sie kein Mittel wüßten, wie man aus dem Stein wieder den Prinzen Gundi machen könnte.« Sie war damit zufrieden.

So hat sich Prinz Gian auf den Weg gemacht und hat wirklich die Hütte gefunden. Wie beim ersten Besuch, so hat er auch diesmal das heruntergebrannte Licht auf dem Tisch gefunden, und kaum war er im Bett, so sind die Schwestern gekommen. Die Kleine hat »Guten Abend« gesagt und gefragt, was es Neues gebe. Da hat die Alte geantwortet: »Das Neueste ist, daß Prinz Gian dort im Bette liegt und wissen möchte, wie man aus dem Stein wieder einen Prinzen Gundi machen könnte.« Die Kleine erwiderte: «Schau, schau, so hat also Prinz Gundi ausgeschwatzt, was du ihm gesagt hattest. Aber wie kann man ihn wieder lebendig machen? Gibt es ein

Mittel?« »Ja«, hat die Alte geantwortet, »wenn Prinz Gian seine Kinder absticht und ihr Blut über den Stein fließen läßt, so wird Prinz Gundi wieder lebendig«. Dann sind die drei verschwunden.

Prinz Gian lag im Bett und dachte lange nach; es schien ihm aber unmöglich seine eigenen Kinder abzu-stechen. So ist er nach Hause gekommen und hat seiner Frau alles erzählt: es sei doch ganz unmöglich, die eigenen Kinder zu töten. Die schöne Prinzessin aber war anderer Meinung. Sie fand, Prinz Gundi habe ihnen so viel gutes getan, daß ihre erste Pflicht sei, ihn zu erlösen. So kamen sie überein, so zu tun, wie die Alte gesagt hatte. Kaum floß das Blut der Kinder über den Stein, so öffnete Prinz Gundi die Augen und stand lebendig vor ihnen.

Er hat aber bald bemerkt, daß die Beiden immer traurig waren und hat schließlich nach dem Grunde gefragt. Da haben sie ihm gestanden, sie hätten ihre Kinder töten müssen um ihn wieder lebendig zu machen. Prinz Gundi hat sich rasch entschlossen und ist zu den Schwestern gegangen, um sie zu fragen, wie man die Kinder wieder lebendig machen könnte. Er hat sich ins Bett gelegt und bald sind die Schwestern gekommen. Um die Neugierde der Kleinen zu befriedigen hat die Alte gesagt, der Prinz Gundi liege im Bett und wolle wissen, wie man die Kinder wieder lebendig machen könne. »So, so«, hat die Kleine gesagt, »wie könnte man denn das machen?« »O, das ist wohl möglich«, hat die Alte erwidert, »man muß die Schnitte, durch die der Prinz die Kinder getötet hat, mit einem Seidenfaden zusammennähen, muß die Kinder unter den und den Felsen bringen und sie von dem Wasser, das dort herniederrinnt, netzen lasen.« Dann hat die Alte den Prinzen dreimal beim Namen gerufen und beim dritten Ruf hat er gefragt, was sie wolle. Da hat sie gesagt:

»Wir haben dir viel Gutes getan, jetzt tu du auch etwas für uns, auf das wir erlöst werden.« Gundi hat versprochen Alles zu tun, was dazu nötig sei. Da hat die Alte gesagt: »Wir sind drei Seelen und um uns zu erlösen mußt du etwas tun, was dir Furcht und Entsetzen machen wird, aber möglich ist es. An dem und dem Abend mußt du in diese Hütte kommen. Dann aber wirst du weder ein Licht noch ein Bett finden. Inmitten der Kammer wird einzig ein Ruhebett stehen. Auf das mußt du dich setzen. Bald wird eine große Schlange zur Tür hereinkommen und an dir emporfahren. Du mußt versuchen, sie auf die Zunge zu küssen, dann wird statt der Schlange ein schönes Mädchen neben dir sitzen. Bald wird eine zweite Schlange kommen, noch größer und schrecklicher als die erste und wird sich an dir emporwinden; auch diese mußt du auf die Zunge küssen und neben dir wird ein zweites schönes Mädchen sitzen. Dann wird eine dritte Schlange kommen, noch viel größer, häßlicher und böser als die anderen. Sobald du auch diese auf die Zunge geküßt hast, werden drei schöne Mädchen neben dir sitzen. Das sind wir drei Schwestern. Du mußt uns drei mit ins Schloß nehmen. Heiraten kannst du die, die dir am besten gefällt, aber die anderen sollen bei euch im Schlosse bleiben.«

Prinz Gundi ist nach Hause gegangen und hat zu allererst die Kinder wieder zum Leben gebracht, zu großer Freude der Eltern. Er selbst aber war immer traurig. Er mußte mit Entsetzen an die Schlangen denken. Endlich ist der bestimmte Tag gekommen. Er hat vom Prinzen Gian und seiner Frau Abschied genommen mit den Worten, er wisse nicht, ob er je wieder zurückkehre, denn er habe ein furchtbares Abenteuer zu bestehen.

In der Hütte fand er wirklich nichts als das Ruhebett. Er setzte sich darauf und wartete. Plötzlich kam etwas »trictrac« die Treppe hinunter, die Tür ist langsam aufgegangen und eine große Schlange mit weit vorgestreckter Zunge ist hereingekrochen und auf ihn zugekommen. Er hat gewartet bis ihr Kopf in der Höhe des seinigen war und hat sie flugs auf die gespaltene Zunge geküßt. Im gleichen Augenblick saß ein schönes Mädchen neben ihm. Bald ist mit viel größerem Lärm eine größere Schlange auf ihn los, aber auch sie hat ihren Kuß weggehabt, eh sie ihm Böses tun konnte, und neben ihm saß ein zweites schönes Mädchen. Die dritte war so ungeschlacht, daß sie gerade einige lockere Stufen von der Treppe mit hereingeschleppt hat und ihre Augen waren so entsetzlich wild und groß, daß Prinz Gundi vor Schreck vornüber fiel, zu seinem Glücke mit dem Mund gerade auf die Zunge der Schlange, so daß auch der dritte Kuß geleistet war. Nun saßen alle drei neben ihm. Er ist mit ihnen ins Schloß gegangen und hat sich hin und wieder überlegt, welche er nehmen solle. Von der mittleren wollte er nichts wissen, denn die hatte kein Wort gesprochen. Die Älteste hat wohl allerlei gesagt, aber wenn die Kleine ihr nicht Alles aus dem Munde gezogen hätte, hätte er nie etwas erfahren. So hat er mit der Kleinen fröhlich Hochzeit gehalten und die anderen sind ihr Leben lang bei ihnen geblieben.

Kan Mirgän, Komdei Mirgän und Kanna Kalas

(tatarische Heldensage)

Unter einem hohen Berge am weißen Meere stand ein Uluss; voll von Volk und voll von Vieh war die Steppe. Über diesen Uluss herrschte ein Held. *Kulate Mirgän* mit weißblauem Rosse. Seine Frau hieß *Kubâsen*, und sie hatte eine Tochter, Namens *Kubaiko*, sowie einen Sohn, *Komdei Mirgän*, mit weißbraunem Rosse. Das Mädchen Kubaiko war fünf Jahre alt, der Sohn drei Jahre. Diese Nacht schläft man. Am Morgen steht Kulate Mirgän auf, kleidet sich an, sattelt sein Roß und waffnet sich. Seine Frau kommt und fragt ihn: »Wohin fährst du, mächtiger Held?« Der Alte antwortet: »Unser Mädchen ist fünf Jahre lang gewachsen und so lange habe ich mein Vieh nicht gesehen. Es ist Zeit endlich zu gehen und über das Vieh Rechnung zu halten. Mein Sohn ist drei Jahre lang gewachsen und während dieser ganzen Zeit habe ich nicht nach dem Volke gesehen. Nun will ich gehen um auch nach meinem Volk zu sehen.« So sprach er und begab sich auf die Reise. Er reiste zuerst durch die offene Steppe und kommt dann auf einen hohen Berg. Vom Berge blickt er herab und sieht sein vieles Volk und seine reichen Herden. Selbst wundert er sich und spricht: »Wieviel Volk und wieviel Vieh hat mir nicht Gott verliehen!«

Während er steht und sich rühmt, fragt ihn sein weißblaues Roß, was er stehe und mit sich spreche. Kulate Mirgän erwidert: »O du mein weißblaues Roß!

Glaubst du, daß irgend jemand in dieser lichten Welt Gottes soviel Volk und soviel Vieh hat, als ich?« Das Roß antwortet: »O du mein Hauswirt Kulate Mirgän! Es gibt Helden in der Welt, die weit reicher und stärker sind als du.« Kulate Mirgän fährt fort: »Was kennst du für Helden, welche mir überlegen wären?« Das Roß antwortet: »Jenseits neun Länder von hier lebt ein Held, *Kalangar Taidji,* mit scheckigem Rosse, und ein anderer, *Katai-Chan,* mit weißbraunem Rosse. Sie sind beide Brüder und mächtige Helden, beide dir weit überlegen. Noch haben sie einen Schwager, *Sokai Alten,* mit tigerfleckigem Rosse.« »Heute«, fährt das Roß fort, »kommt von ihnen eine Botschaft zu dir, um von dir Tribut zu fordern. Sie nehmen Tribut von allen Helden in diesem Lande und auch von dir werden sie fortan Tribut fordern.«

Kulate Mirgän meint, daß er nie in seinem Leben an irgend einen Chan, wie mächtig er auch sein mag, Tribut zahlen werde. Darauf reitet er heim, unterwegs aber, nicht weit vom Hause, sieht er Spuren eines Heldenrosses. Er kam heim und im Sattel sitzend ruft er seinen Sohn und seine Tochter zu sich heraus. Darauf fragt er sie, was für ein Held zum Uluss geritten sei. Sie antworteten: »Zu uns ritt während deiner Abwesenheit ein mächtiger Held mit rothaarigem Roß, Namens *Kan Mirgän,* wir wissen aber nicht, wer er ist und woher er gekommen.« Der Vater fährt fort den Sohn zu fragen: »Was hat dieser Held euch gesagt und verkündet?« — »Er hat gesagt«, entgegnet der Sohn, »daß zwei Brüder, Kalangar Taidji mit weißgrauem Rosse und Katai-Chan mit weißbraunem Rosse, sowie deren Schwager Sokai Alten mit tigerfleckigem Rosse Tribut von ihm fordern, und daß er ihnen vierzig Jahre entlaufen sei, da er allein nicht im Stande wäre mit den drei mächtigen Helden zu kämpfen. In Vereinigung mit dir getraue er sich den beiden Heldenbrüdern und deren Schwager die Spitze zu bieten. Nachdem er dies gesagt hatte, ritt er davon mit den Worten: »Wenn eine Botschaft von den zwei Heldenbrüdern kommt, so saget dem Boten nicht, daß ich hier gewesen bin.«

Als Kulate Mirgän dies gehört hatte, stieg er aus dem Sattel und in demselben Augenblick kam auch die Botschaft von den zwei Heldenbrüdern. Als der Bote kam, schrie er mit solcher Stärke, daß Kulate Mirgän zugleich mit seinem Rosse umfiel. Der Bote fragt: »Ist Kan Mirgän mit einem rothaarigen Rosse hier gewesen?« Erschreckt antwortet Kulate Mirgän: »Während meiner Abwesenheit ist er hier gewesen; meine Kinder haben ihn gesehen und mit ihm gesprochen!« Der Bote fährt fort: »Du mußt dich morgen bei Zeiten bei meinen Herrn Kalangar Taidji und Katai-Chan einfinden und ihnen Tribut bringen!« Sobald er dies gesagt hatte, schlug er auf sein Roß los und folgte dem Kan Mirgän auf den Spuren.

In sein Zelt gekommen fragt Kulate Mirgän seine Frau, was für Tribut die zwei Heldenbrüder von ihm fordern könnten: »Menschen, Vieh, oder was für Habe?« Die Frau anwortet: »Begieb dich morgen selbst zu ihnen und frage sie, was sie von dir fordern.« Kulate Mirgän stand am Morgen auf, kleidete sich an, sattelte sein Roß, waffnete sich und begab sich auf den Weg. Die zwei Heldenbrüder wohnen jenseits neun Länder. Sobald Kulate Mirgän auf den halben Weg gekommen war, sieht er eine Steppe voll von Volk. Er fragt das Volk, weshalb es sich versammelt habe und einer antwortet: »Es gibt zwei mächtige Heldenbrüder, welche von uns Tribut fordern und wir sind jetzt mit dem Tribut auf dem Wege zu denselben.« Kulate Mirgän fragt das Volk, womit es seinen Tribut den Heldenbrüdern entrichte und einer aus dem Volke erwidert, daß sie ihre Abgaben mit drei berghohen Haufen von Zobeln erlegen. »Ich«, sagt dazu Kulat Mirgän, »habe keine Zobel gefangen und werde ihnen den Tribut für meinen Kopf mit meinem Kopf selbst bezahlen, welchen ich ihnen jetzt in ihre Hände bringen will.« Hiermit ritt Kulate Mirgän seines Weges, legte die andere Hälfte des Weges zurück und kam zu einem Berge bei dem Uluss der beiden Heldenbrüder. Vom Berge sieht er den Uluss und ruft ihnen zu, sie aber hören den Ruf nicht, denn sie feiern ein Gastgebot. Wiederum ruft er den zwei Heldenbrüdern zu: »Ihr begehret, daß ich für mein Haupt einen Tribut in Zobeln bezahlen soll, da ich aber keine Zobel gefangen habe, so bringe ich euch mein Haupt selbst.« Als die zwei Heldenbrüder den Ruf noch nicht vernahmen, griff er zu seinem Bogen, schoß einen Pfeil ab und tötete beide Helden mit demselben.

Ihr Schwager Sokai Alten, als er den Tod der beiden Heldenbrüder erfuhr, setzte sich auf sein tigerfleckiges Roß und ritt dem Kulate Mirgän entgegen. Auf den Berg gekommen stieg er vom Rosse und auch Kulate Mirgän stieg aus dem Sattel. Nun begannen sie zu ringen. Sie rangen so sieben Monate lang, worauf Sokai Alten dem Kulate-Chan das Leben nahm. Sein Roß lief gleich darauf nach Hause, unterwegs aber sahen es die Hirten, welche die Tabunen des verstorbenen Kulate Mirgän hüteten und ließen das Roß nicht in den Uluss.

Neun Tage hielten die Hirten das Roß in der Tabune, am neunten aber sagte der jüngste derselben: »Wir handeln unrecht, wenn wir das weißblaue Roß hier behalten. Die Helden haben Kulate Mirgän getötet und wir verhindern das Roß daran Botschaft nach Hause zu bringen. Erfährt dies der Sohn Komdei Mirgän, so haut er uns allen den Kopf ab.« Die Hirten fanden diese Worte sehr klug und ließen das Roß los.

Als nun das Roß nach Hause kam, begegnete demselben die Witwe, der Sohn und die Tochter, welche sich an den Hals des Rosses hingen und den Tod Kulate Mirgän's beweinten. Endlich sagte Komdei Mirgän: »Hier hilft Weinen nicht, sondern ich reite selbst aus, um den Tod meines Vaters zu rächen.« Er sattelt dann sein weißbraunes Roß, setzt sich in den Sattel, reitet über die neun Länder und kam so zum Berge, wo der Vater getötet worden war. Hier ruft er mit einer Heldenstimme: »Rühme dich nicht, Sokai Alten, dessen, daß du meinen Vater getötet hast!« Als Sokai Alten diesen Ruf hörte, stieg er zu Roß und ritt dem Komdei Mirgän auf den Berg entgegen. Sokai Alten fragt Komdei Mirgän, mit was für Waffen er den Streit zu beginnen wünsche und Komdei Mirgän erklärt sich zufrieden mit jeder Art Waffen zu kämpfen. Sokai Alten wählt den Bogen und die beiden Helden gingen jeder auf einen besonderen Berg. Sokai Alten ruft dem Komdei Mirgän zu, er möchte den ersten Schuß absenden. Komdei Mirgän seinerseits schenkt den ersten Schuß dem Sokai Alten und dieser beginnt sofort seinen Bogen zu spannen, schießt einen Pfeil ab, der Pfeil aber trifft den Komdei Mirgän nicht. Nun spannte auch Komdei Mirgän seinen Bogen und als er den Pfeil abschoß, fiel Sokai Alten sofort tot zu Boden.

Komdei Mirgän macht sich nun zum Uluss auf, um alles Eigentum in Besitz zu nehmen, am Fuße des Berges aber sieht er einen schwarzen Fuchs an sich vorbeilaufen. Komdei Mirgän kehrt sein Roß um und macht sich daran dem Fuchs nachzujagen; er ritt in dessen Spuren über den Berg zurück und kommt so zu einem hohen, steilen Berge. Der Fuchs lief über den Berg, das Roß aber stolperte und fiel vom Berge zurück, wobei Komdei Mirgän sein Bein brach und auf dem Boden liegen blieb. Während er dort liegt, steigt aus der Erde ein Stier mit vierzig Hörnern hervor und auf demselben reitet ein *Djilbegän* (Untier) mit neun Köpfen. Djilbegän kam zum Liegenden, faßte ihn mit der linken Hand an der Schulter und haut Komdei Mirgän's Kopf mit der rechten ab. Er nahm den Kopf mit sich und begab sich mit demselben unter die Erde: Komdei's Roß kehrte aber wieder heim.

Als Mutter und Schwester das Roß ohne Herrn wiederkehren sahen, weinten sie sieben Tage lang Tag und Nacht ohne Unterlaß. Am siebenten Tage legt Kubaiko ihre besten Kleider an und sie war eine so schöne Jungfrau, daß es ihresgleichen nicht auf Erden gab. Dann bestieg sie das Roß ihres Bruders, mit den besten Kleidern angetan und ritt davon den Bruder aufzusuchen. Sie ritt vorwärts und sah lauter hohe Berge und weite Meere. Auf dem Wege fragt sie ihr Roß, weshalb es sie in solche unzugängliche Gegenden bringe; und das Roß antwortet, daß Helden und Heldenrosse nie auf besseren Wegen reisen. »So führ mich«, sprach das Mädchen, »wohin es dich beliebt, aber zeige mir nur die Stelle, wo mein Vater und mein Bruder getötet worden sind.« Zur Stelle gekommen, wo der Vater getötet worden war, fing das Mädchen an zu weinen und weinte ohne Unterlaß neun Tage an der Leiche ihres Vaters. Dann kam sie zur Stelle, wo der Bruder getötet worden war, und weint auch dort drei Tage lang. Sie merkt aber nicht, daß der Bruder ohne Kopf ist. Als sie dies endlich am dritten Tage bemerkt, spricht sie zum Rosse und fragt: »Weißt du vielleicht, wohin der Kopf meines Bruders gekommen ist?« Das Roß fing an zu sprechen und sagte, daß ihr Bruder sich auf der Fuchsjagd sein Bein gebrochen habe und daß Djilbegän, während er lag, gekommen sei und seinen Kopf genommen habe. Da bittet das Mädchen das Roß sie denselben Weg zu führen, den Djilbegän mit dem Kopfe des Bruders gegangen sei.

Unter die Erde gekommen sieht das Mädchen einen ebnen Weg, und auf demselben erscheinen noch Spuren des Djilbegän. Hier sieht sie sieben Tonkrüge am Wege, und neben den Krügen steht eine Alte, welche emsig Milch aus dem einen Krug in den andern gießt. Bei dieser Stelle vorübergekommen, sieht sie ein Roß, das an einen drei Klafter langen Strick gebunden ist. Das Roß steht auf einer Sandfläche, wo es weder Gras noch Wasser gibt, dessen ungeachtet ist aber das Roß sehr fett. Das Mädchen verwunderte sich darüber, ritt ihres Weges dahin und sah wiederum ein Stück vom Wege ein anderes Roß, das an ein sehr langes Seil gebunden bei einem rinnenden Bach stand. Das Gras wuchs bis an die Knie, dessen ungeachtet aber war das Roß sehr mager. Das Mädchen verwundert sich hierüber, reitet wiederum weiter und sieht die Hälfte eines Menschenkörpers am Wege liegen. Ein Bach rinnt gegen den toten

Körper und bleibt in seinem Lauf quer vor der Leiche stehen. Das Mädchen konnte nicht begreifen, wie ein halber Menschenkörper im Stande wäre, einen ganzen Fluß zu dämmen, und so ritt sie ihren Weg wiederum weiter. Ein Stück weiter sieht sie einen ganzen Menschenkörper am Wege liegen. Gegen diesen Körper fließt ein ähnlicher Fluß wie der frühere; aber dieser Körper, obwohl ganz, hemmt nicht den Lauf des Flußes, sondern das Wasser fließt über die Leiche. Das Mädchen erstaunte immer mehr über das, was sie sah, macht jedoch nicht Halt, sondern fährt fort zu reiten.

Als sie so reitet, begegnet ihr auf dem Wege ein Mädchen. Dieses setzte sich bei dem Anblick von Kubaiko auf die Erde und Kubaiko hielt zugleich ihr Roß an. Die Sitzende redet Kubaiko an und bittet sie, vom Roß zu steigen. Kubaiko stieg sogleich vom Roß und setzte sich an die Seite des sitzenden Mädchens. Kubaiko fragt die Sitzende, ob sie ein unterirdisches Wesen oder vielleicht im Lande des weißen Lichtes geboren sei. Die Sitzende antwortet, daß sie von Gott geschaffen sei, daß sie auf Erden gelebt und einen Bruder, Kan Mirgän, gehabt habe. »In einer Nacht«, fuhr die Sitzende fort, »als Kan Mirgän in seinem Zelte schlief, kam ein Bote von den beiden Heldenbrüdern Kalangar Taidji und Katai-Chan. Der Bote band meinen Bruder an Händen und Füßen, während er schlief; darauf nahm er ihn und brachte ihn zu den *Irle-Chan's* unter der Erde. Dieser Irle-Chan's gibt es acht, und der neunte ist ihr Ataman. Dieser Ataman läßt jetzt meinen Bruder brennen, und ich bin hergekommen, um zuzusehen, ob ich ihn nicht befreien kann. In Irle-Chan's Wohnung gelangt, hörte ich einen so starken Lärm von Hammerschlägen, daß ich nicht weiterzugehen wagte, sondern zurückkehrte.« Das sitzende Mädchen *Kanarko* fügt hinzu: »Kommst du zu meinem Bruder, so gib ihm dieses seidene Tuch von mir, damit er sich den Schweiß abtrocknen könne, während er auf dem Feuer gebraten wird.« Darauf fragt Kanarko die Kubaiko, weshalb sie sich in die Unterwelt begeben und Kubaiko antwortet, daß sie ihren Bruder suche, dessen Kopf Djilbegän hingebracht hätte. Hierzu fügt Kanarko noch hinzu: »Gehst du auf diesem Wege weiter, so kommst du zum Ufer eines Flußes, der unter einem hohen Berge fließt. An diesem Ufer siehst du ein steinernes Haus mit vierzig Ecken, und in diesem Hause lebt Irle-Chan. Vor der Tür dieses Hauses stehen neun Lärchenbäume, die aus ein und derselben Wurzel wachsen. Dies ist der Pfahl, an den die neun Irle-Chan's ihre Rosse binden.«

Als Kanarko ihre Rede beendigt hatte, begab sie sich hinauf zum Sonnenlande, Kubaiko aber setzte ihre Wanderung noch tiefer in die Unterwelt fort. Je mehr sie sich der Wohnung der Irle-Chan's näherte, desto stärker tönen die Hammerschläge in ihren Ohren. Auf dem Rosse sitzend sieht sie vierzig Männer, welche Hämmer schmieden und andere vierzig, welche Sägen schmieden, und noch andere vierzig, welche Zangen schmieden. Dann kam sie zum Lärchenbaum, stieg vom Rosse und folgte stets den Spuren Djilbegän's, welche bis zur Tür Irle-Chan's führen. Ehe das Mädchen eintrat, blieb sie beim Lärchenbaum stehen und sah dort eine also lautende Inschrift: »Als Kudai Erde und Himmel schuf, ward auch dieser Lärchenbaum geschaffen, und außer Irle-Chan ist bis auf diesen Tag kein Mensch und kein Tier lebend bis zu demselben ge-

kommen.« Das Mädchen band ihr Roß an den Lärchenbaum, trat in Irle-Chan's Wohnung und schloß die Tür
hinter sich. Drinnen ist es so finster, daß Kubaiko weder
vorwärts noch rückwärts den Weg findet, sondern sich
verirrt. In der Finsternis ergreift man Kubaiko, reißt sie
an den Kleidern, zerrt und plagt sie; wenn aber Kubaiko
ihre Hände ausstreckt und ihre Plagegeister ergreifen
will, kann sie keinen packen, denn sie hatten keine
Körper. In ihrem Schreck schreit sie auf, sofort wird
eine Tür geöffnet, der Raum erhellt und der Ataman
tritt ein. Kubaiko erhebt sich, der Ataman gewahrt sie
und kehrt zurück, ohne ein Wort zu äußern. Kubaiko
folgt ihm auf den Spuren. Der Ataman geht aus einem
Gemach ins andere und die Gemächer stehen noch leer.
Der Ataman geht aus einem Gemach ins andere und
öffnet die Türen. Kubaiko macht jede Tür zu und folgt
dem Ataman auf den Spuren. Endlich kam man zu
einem Gemach, das mit alten Weibern angefüllt war, die
Flachs spannen. Darauf kamen sie in ein anderes
Gemach, das ebenfalls mit Weibern angefüllt war, die
alle alt und gebrechlich waren. Sie taten durchaus nichts
sondern saßen und quälten sich, denn sie waren alle
krank. Alle schienen sie etwas verschlucken zu wollen,
konnten es jedoch nicht herunterbringen. Ferner kommen sie in ein drittes Gemach, das gleichfalls mit
Weibern angefüllt war, die in den mittleren Jahren
standen. Um ihre Arme und ihren Hals waren große
Steine gebunden, die sie nicht zu rühren vermochten.
Dann kommen sie in einen vierten Raum, wo Männer
saßen, auf deren Nacken große, mit Schlingen an ihrem
Nacken befestigte Bäume hingen. Durch die Last der
Bäume standen ihre Augen aus dem Kopfe hervor und

die Zunge hing ihnen aus dem Munde. In einem fünften Gemach liefen Männer mit Schießgewehren und waren mitten durch den Leib durchschossen. Sie liefen und wehklagten im Gemache. In einem sechsten Gemach sah Kubaiko messerbewaffnete Männer die sich mit ihren Messern geschnitten hatten. Das Blut rinnt von diesen Männern herab, und sie laufen klagend und jammernd im Gemache herum. Dann kam sie zu einem siebenten Gemach, das mit rasenden Hunden und rasenden, von den Hunden gebissenen Männern angefüllt war. In einem achten Raum liegen Männer mit ihren Frauen unter großen Decken, die aus neun Schaffellen zusammengenäht sind. Jeder hat seine besondere Decke, aber so groß sie auch ist, bedeckt sie doch nur die eine Ehehälfte, weshalb, wenn eine von beiden die Decke über sich zieht, die andere stets ohne bleibt. In einem neunten Gemach liegen auch Männer mit ihren Frauen. Ihre Decken bestehen nur aus einem einzigen Schaffell; so klein dieselben auch sind, so konnte noch ein dritter unter derselben Decke liegen. Von hier kam sie in ein zehntes Gemach, das groß wie eine Steppe war. Kubaiko sieht sich in diesem Raum um und gewahrt acht Irle-Chan's, die sitzen; und in ihrem Kreise ließ sich auch der Ataman als der neunte nieder. Kubaiko steht und verneigt sich vor ihnen und fragt, aus welcher Ursache ihr dienstbarer Geist Djilbegän das Haupt ihres Bruders abgehauen und fortgeschleppt habe. Die Irle-Chane erwidern, daß solches auf ihren Befehl geschehen sei, und daß der Kopf noch bei ihnen in Verwahrsam sei, aber nicht in Güte wiedererlangt werden könne. »Willst du«, fahren die Irle-Chane fort, »in den Besitz des Hauptes deines Bruders kommen, so sieh zu, daß du dabei nicht dein eigenes verlierst. Jedoch wollen wir dir das Haupt deines Bruders wiedergeben, wenn du es vermagst, die Arbeiten auszuführen, die wir dir auferlegen. Wir haben einen Hammel, der tief in der Erde festsitzt, so daß nur der Kopf aus der Erde hervorguckt. Dieser Hammel hat sieben Hörner, und vermagst du es, ihn bei den Hörnern herauszuziehen, so geben wir dir das Haupt deines Bruders. Im entgegengesetzten Fall hauen wir dir dein eigenes Haupt ab und legen es neben das deines Bruders.« Hierauf standen alle Irle-Chane auf, nahmen das Mädchen mit und begaben sich aus dem Gemache hinaus.

Sie gingen darauf durch neun andere Gemächer, welche alle mit Menschenköpfen angefüllt waren. Das Haupt ihres Bruders erkannte Kubaiko in dem mittelsten Gemache mitten unter einer Menge anderer wieder. Als Kubaiko den Kopf ihres Bruders sah, blieb sie stehen und fing an zu weinen. Die acht Irle-Chane sprachen: »Sieh, dort liegt nun das Haupt deines Bruders, und vollführst du glücklich die dir auferlegte Aufgabe, so wirst du das Haupt hier wiedererlangen, im entgegengesetzen Fall wird dein eignes Haupt in diesem Gemache aufgestellt werden.« Hierauf begaben sich die Irle-Chane aus dem Gemach, und das Mädchen folgte ihnen durch alle Gemächer bis in das zehnte. In dem zehnten lag der Hammel in der Erde mit dem Kopf und den sieben Hörnern nach oben. Die Irle-Chane ermahnten das Mädchen Hand ans Werk zu legen, unter der Bedingung, daß sie den Hammel mit drei Rucken aus der Erde ziehen und auf ihre Schulter heben solle. Das Mädchen packt den Hammel am Kopf, hob ihn beim ersten Ruck bis zu den Knien, beim zweiten bis zu dem

Gürtel und bei dem dritten auf ihre Schulter. Nun fallen die Irle-Chane dem Mädchen zu Füßen, verbeugen sich vor ihr und versprechen ihr, das Haupt des Bruders wiederzugeben. Sie kehren in das Gemach zurück, wo das Haupt verwahrt wurde, nehmen das Haupt und bringen es in das Gemach, wo die neun Irle-Chane saßen. Hier holen die Irle-Chane ein großes Buch hervor und fangen an zu lesen. Im Buche ist der ganze Streit zwischen Kulate Mirgän und Komdei Mirgän von der einen und den beiden Heldenbrüdern und Sokai Alten von der anderen Seite beschrieben.

Als die Irle-Chane gefunden hatten, daß Kulate Mirgän und Komdei Mirgän in diesem Kampfe gerechtfertigt waren, sagten sie der Kubaiko, daß sie das Haupt ihres Bruders mitnehmen könne. Darauf gaben sie das Haupt dem Mädchen und sagten: »Zu uns hat ein Bote von den zwei Heldenbrüdern Kalangar Taidji und Katai-Chan einen Helden, Kan Mirgän, gebracht, den man lange Zeit im Feuer brennt, ohne ihn verbrennen zu können. Du, welche du eine mächtige Heldin bist, weißt du nicht irgendeinen Rat, ihn zu verbrennen?« Das Mädchen begehrt nun Kan Mirgän zu sehen, und die Irle-Chane geleiten sie zu der Stelle, wo die Schmiede mit Hämmern beschäftigt waren. Auch hier gab es eine Wohnung mit neun Gemächern, und nachdem sie durch alle gegangen waren, kamen sie zu einem zehnten, wo Kan Mirgän verbrannt wurde. Als dieser das Mädchen sah, erinnerte er sich seiner zu Hause gebliebenen Schwester, fing an zu weinen und fragte Kubaiko um die Ursache ihres Erscheinens. Darauf bat er Kubaiko seine daheimweilende Schwester Kanarko in ihr Zelt zu nehmen und sie wie ihre eigene Schwester zu behandeln.

Ihrerseits fingen auch die Irle-Chane an, zu Kubaiko zu sprechen und sie um die Art und Weise zu fragen, wie man Kan Mirgän verbrennen könne. Das Mädchen antwortet, daß sie zuerst wissen müsse, aus welcher Ursache die Irle-Chane einen mächtigen und guten Helden auf diese Weise plagen. Sie antworten, daß dies deshalb geschähe, weil Kan Mirgän sich geweigert habe, seinen Herren, den beiden Heldenbrüdern Kalangar Taidji und Katai-Chan, Tribut zu zahlen. Kubaiko sagt, daß dies nicht nach Recht und Billigkeit geschehen sei, daß Kan Mirgän sich noch befreien und an den Irle-Chane Rache nehmen würde, wenn sie ihn nicht in Güte losgäben. Darauf warf sie dem Kan Mirgän das Tuch seiner Schwester zu und verfügte sich zurück, in Gesellschaft mit den neun Irle-Chans. Als sie herausgekommen waren, bittet das Mädchen, alle die Wunder sehen zu dürfen, die es bei den Irle-Chanen gab. Auf einen Ruf derselben fanden sich sogleich sechs Kartenspieler und sieben Violinspieler ein, und die Irle-Chane sagten: »Diese Leute werden hier für ihr unordentliches Leben geplagt, denn sie haben ihre Zeit unnütz vergeudet, sich berauscht und geschlagen, und die Kartenspieler haben sich außerdem einander betrogen.« Sie gingen weiter und kamen so zu dem Lärchenbaum, an den Kubaiko ihr Roß gebunden hatte. Sie band das Roß los, stieg in den Sattel und bat die Irle-Chane, ihr den Weg zu zeigen. Die Irle-Chane wagten es nicht, sich zu weigern, sondern begleiteten das Mädchen, das unterwegs fragte, weshalb die Menschen und Rosse, die sie auf der Herreise gesehen, auf solche Weise unter der Erde geplagt würden. Die Irle-Chane antworten: »Diejenige, die du Milch aus einer Schale in die andere gießen sahst, wird deshalb geplagt, weil sie ihren Gästen mit Wasser untermischte Milch gegeben hat. Ihr ist nun auferlegt worden, hier die Milch vom Wasser zu sondern, und sie wird diese Strafe in alle Ewigkeit leiden.« — »Der halbe Körper, welcher den Fluß dämmet«, fahren die Irle-Chane fort, »leidet keine Strafe. Er liegt jetzt dort, um die Vorübergehenden daran zu erinnern, daß ein kluger Mann, wenn er auch seiner Glieder und Gelenke beraubt ist, mit seinem Verstande mächtige Dinge zu Wege bringen kann, während ein unverständiger Mann mit seinem ganzen Körper gar nichts vermag. Der ganze Körper, über den der Fluß rinnt, ist ein von Natur starker, aber sehr unverständiger Mann gewesen. Wie der Fluß jetzt über ihn läuft, so ist auch jede Sache vor seinem Verstande vorübergegangen, ohne daß er es vermocht hätte, sie zu erfassen oder etwas mit Klugheit durchzuführen.« Die Irle-Chane fügen hinzu: »Das fette Roß erinnert an einen Mann, der sich um sein Roß kümmert und es stets in Stand erhält, wie groß auch der Mangel an Weide und Wasser sein mag, während dagegen das magere ein Beweis davon ist, daß ein Roß nicht einmal bei der besten Weide gedeihen kann, wenn der Hauswirt nicht nachsieht und sich desselben annimmt.«

Nun fragt das Mädchen: »Was waren aber das für Geschöpfe, die mich im finstern Gemach packten, meine Kleider zerrissen und mich plagten, aber keinen Körper hatten?« Die Irle-Chane erwiedern: »Dies sind unsere unsichtbaren dienstbaren Geister, welche jedem bösen Menschen alles Übel antun und ihn sogar töten können, sich jedoch alle Zeit von guten Menschen fern halten und nicht im Stande sind, ihnen irgend einen

Schaden zuzufügen.« Das Mädchen fuhr fort nach den Vergehen der Menschen zu fragen, die sie in den Gemächern eingeschlossen gesehen hatte und die Irle-Chane antworten: »Die Weiber, welche im ersten Gemach saßen und spannen, haben auf der Erde nach Sonnenuntergang gesponnen, zu welcher Zeit es nicht erlaubt ist, sich mit irgend welcher Arbeit zu beschäftigen. Die Weiber aber, welche nicht schlucken können und ohne Beschäftigung in dem zweiten Gemach sitzen, haben von anderen Menschen Strähnen zum Wickeln empfangen: die Knäule haben sie groß gemacht, sie aber inwendig leer gelassen und Garn in den Busen gesteckt. Diese Strähnen sind sie jetzt zu verschlucken verurteilt, die Knäule aber sitzen ihnen auf ewige Zeit im Halse. Die jungen Mädchen, die du mit Steinen an Armen und Hals sahest, haben Butter gesalzen und Steine in die Butter gesteckt, um das Gewicht zu erhöhen. Deshalb drücken jetzt schwere Steine ihre eigenen Nacken und ihre Strafe wird in Ewigkeit fortdauern. In dem vierten Gemach sahst du Männer mit Blöcken im Nacken und Schlingen um den Hals: dies sind Selbstmörder, die sich erhängt haben. Die Männer mit Büchsen in den Händen in dem fünften Gemach sind auch Selbstmörder, welche sich aus dem Grunde erschossen haben, weil sie mit ihren Frauen uneinig gelebt haben. Die Männer im sechsten Gemach, welche Messer tragen, haben sich in der Trunkenheit mit den Messern beschädigt und durch Selbstmord getötet. Im siebenten Gemach sind die Männer rasend geworden, weil sie sich nicht vor tollen Hunden in Acht genommen, sondern dieselben gereizt haben und gebissen worden sind. Im achten Gemach sahst du Männer und Weiber unter großen Decken liegen, die dennoch für sie zu klein waren. Diese waren deshalb gestraft, weil sie während ihrer Lebenszeit uneinig miteinander gelebt und jede Ehehälfte nur ihren eigenen Vorteil wahrgenommen hat, wodurch beide Mangel gelitten haben. Dagegen sahst du im neunten Gemach, daß Männer und Frauen, welche in Eintracht leben, mit geringem Vermögen sich begnügen können. Diese leiden keine Strafe, sondern sind hier bloß zum Vorbild für andere und damit die Bösen durch ihren Anblick ihre Strafe nur noch um so mehr empfinden.«

Als das Mädchen alles dies erfahren hatte, trennte sie sich von den Irle-Chanen, fuhr auf zum Sonnenlande und kehrte mit dem Haupte ihres Bruders zu dem toten Körper zurück. Bei dem Verstorbenen sitzend weint Kubaiko, traurig und bekümmert, da sie kein Mittel kennt, um ihn wieder zum Leben zu bringen. Während sie so weint, erbarmt sich Kudai ihrer Tränen und sendet ihr Lebenswasser. Das Mädchen nahm das Lebenswasser, spritzte davon auf die Überreste des Verstorbenen und als sie dieselben dreimal mit dem Wasser bespritzt hatte, fing der Leichnam des Bruders an sich zu rühren. Das Mädchen wurde hierüber sehr froh und erwartete nur, daß der Bruder aufstehen und seine Besinnung wieder erhalten möchte. Unterdessen hört man Huftritte eines Heldenrosses. Das Mädchen erschrak und glaubte, daß sich ein Held einfinden würde, um den Bruder nochmals zu töten. Sogleich verwandelte sie sich in eine Schwalbe und flog davon. Nachdem sie eine kleine Strecke geflogen war, machte sie halt, um zu sehen, was der angekommene Held vornehmen würde. Er hob Komdei Mirgän auf sein Roß, setzte ihn hinter sich auf den Sattel und Komdei

Mirgän kam wiederum zum Leben. Der angekommene Held spricht nun zu Komdei Mirgän: »Ich bin ein vater- und mutterloses Kind, das von deinem Tode hörte und kam, um dich entweder zu begraben oder dir ein neues Leben zu geben. Niemand hat mir einen Namen gegeben, ich aber nenne mich *Kanna Kalas* mit rothaari- gem Rosse. Behagt dir dieser Name nicht, so kannst du mir einen anderen geben.« Komdei Mirgän fand den Namen gut und sie ritten nun ihren Weg weiter vorwärts. Als aber Kubaiko merkte, daß die beiden Helden einig wären, flog sie zu ihnen. Sie erzählt nun, wie alles zugegangen wäre und rät den beiden Helden heimzukehren. Selbst will sie sich zu ihrem Vater be- geben, um auch ihn mit dem Lebenswasser ins Leben zu rufen. Darauf fragt sie Kanna Kalas, ob er nicht irgend- wo einen schwarzen, drei Klafter langen Fuchs gesehen habe. Kanna Kalas erwiedert: »Dieser Fuchs ist ein Mädchen, das *Ütjün Arax* heißt und ihr Vater ist *Üzüt- Chan*. Er lebt mit seiner Tochter unter der Erde und sie tun alles Übel, was sie nur können auf der Erde. Dieses Mädchen suche ich schon seit langer Zeit, denn in meiner Kindheit lag ich vierzig Jahre unter einem Stein und sie ging in Gestalt eines Fuchses um den Stein herum, um mich aufzufressen. Deshalb suche ich sie schon seit längerer Zeit und glaube wohl, daß ich sie noch einmal finden werde.« Komdei Mirgän sagt: »Da du ohne Eltern und Angehörige bist, so laß uns beide Brüder werden und das ganze Leben hindurch einer für den anderen stehen. Stirbst du vor mir, so werde ich dich begraben, sollte ich aber vor dir sterben, so wirst du meinen Körper bestatten.« Kanna Kalas ging auf diesen Vorschlag ein und sie kamen sogleich überein, Djilbegän und den schwarzen Fuchs zu bestrafen.

Darauf begaben sie sich unter die Erde, rasteten nicht unterwegs und kamen bald zu den Irle-Chanen. Irle-Chan kam ihnen selbst auf dem Hofe entgegen. Komdei Mirgän griff sogleich zu seinem Bogen, spannte den Bogen und wollte auf ihn schießen, Irle-Chan aber rief: »Unterlaß es auf mich zu schießen, Komdei Mirgän, ich bin Herr unter der Erde und habe hier dieselbe Macht, wie Kudai auf der Erde. Mich zu töten ist weder möglich noch erlaubt.« Komdei Mirgän fragt jetzt Irle-Chan, weshalb er seinen Kopf abhauen ließ und denselben bei sich behielt. Hierauf erwidert Irle-Chan, daß dies geschehen sei, weil Komdei Mirgän einen mächtigen Helden getötet habe. Kanna Kalas sagte nun, daß er selbst Irle-Chan töten würde und wollte ihn nur unter der Bedingung am Leben lassen, wenn er Kan Mirgän freiließe. Irle-Chan ging auf den Vorschlag ein und brachte Kan Mirgän sofort zu den übrigen Helden. Diese drei Helden wurden jetzt drei Brüder, Kan Mirgän der älteste, Komdei Mirgän der mittelste und Kanna Kalas der jüngste Bruder. Kan Mirgän, als der älteste, bat jetzt die jüngeren Brüder seinen Befehlen genau zu gehorchen und machte sich dann auf, immer tiefer unter die Erde hineinzureiten.

Als sie ein Stück Weges geritten waren, begegneten sie einem alten Manne, der in eine grüne Kleidung gekleidet war, mit einem dunkelgrauen Rosse. Ihn begleiteten sieben Hunde, die alle dunkelgrau waren. Kan Mirgän fragte den Alten, wer er wäre und der Alte versprach über sich Auskunft zu geben, wenn Kan Mirgän und die übrigen Helden die Güte haben wollten, von ihren Rossen abzusteigen. Dies taten sie auch, ebenso wie der Alte. Alle setzten sich nun auf die Erde nieder und der Alte begann: »Du, Komdei Mirgän, suchst Djilbegän; du, Kanna Kalas, willst über den schwarzen, drei Klafter langen Fuchs Auskunft haben; und Du, Kan Mirgän, wünscht zu deinem Recht über den Boten von den zwei Heldenbrüdern zu kommen! Zwei Erdschichten unterhalb gibt es ein Meer und an diesem Meer wohnt *Talai-Chan*, der einen Sohn, namens *Tâze Mŏkä* hat. Djilbegän und der Bote haben sich zu Talai-Chan begeben, um bei ihm Hilfe gegen Komdei Mirgän und Kan Mirgän zu finden. Talai-Chan ist ein Menschenfresser und als Djilbegän mit dem Boten zu ihm kam, tat er sie in einen Kessel, kochte und fraß sie auf. Der schwarze Fuchs aber liegt in seinem Bett und schläft jetzt aufs Beste in einem Hause, das an diesem Wege steht. Wollt ihr etwas mehr wissen, so sehen wir einander im Sonnenlande wieder.« Hierauf stand der Alte auf, die drei Helden aber begaben sich gerade zu Talai-Chan. Kan Mirgän ging in sein Zelt und bat seine beiden Kampfbrüder draußen auf ihn zu warten. Tâze Mŏkä kommt ihm entgegen und sagt: »Mein Vater hat mich neun Jahre lang zu kochen und zu fressen versucht. Er hat soeben den Djilbegän und den Boten, die ihr sucht, aufgefressen. Du, der du ein großer Held bist, komm und hilf mir, so werde ich auf der Stelle ihn kochen und auffressen.« Zugleich kam Talai-Chan und stürzte auf beide los, um sie aufzufressen: sie aber packten und banden ihn, taten ihn in einen Grapen und kochten ihn.

Kan Mirgän kehrt hierauf zu seinen Kampfbrüdern zurück und setzt mit ihnen die Reise zu Üzüt-Chan fort. Angekommen stiegen die Helden von ihren

Rossen, gingen zu Üzüt-Chan und fragten nach seiner Tochter. Der Alte erzählte, daß er viel Ungemach von ihr hätte und wünschte von ganzem Herzen ihren Untergang. Zugleich sagte er, daß die Tochter soeben von ihm gegangen sei und zeigte den Helden die noch frischen Spuren. Die drei Helden stiegen auf ihre Rosse und machten sich auf, um den schwarzen Fuchs zu verfolgen. Sie jagten ihn und kamen auf eine Steppe, auf der ein großer Stall stand. Auf dieser Steppe bekamen sie den schwarzen Fuchs, der in den Stall lief, zu Gesicht. Die Helden folgten dem Fuchs auch in den Stall, hier war es aber so finster, daß sie nichts sahen, sondern sich alle drei verirrten. Als sie im Finstern gingen, riet Kanna Kalas seinen Kampfbrüdern ihre Schwerter auszuziehen. Kan Mirgän zog sein Schwert, das so blank war, daß sie bei seinem Schein die Spuren des Fuchses sahen. Darauf zog auch Komdei Mirgän sein Schwert und bei dem Schein der Schwerter folgen sie den Fuchsspuren. Während sie so ritten, sprang Kanna Kalas plötzlich von dem Roßrücken auf das Schwert des Kan Mirgän herab, wobei er in zwei Stücken auf die Erde niederfiel und starb. Die beiden Kampfbrüder beweinten ihn drei Tage und als sie zu weinen aufhörten, waren ihre Rosse verschwunden. Nur das Roß des Kanna Kalas stand an ihrer Seite. Nun gingen Kan Mirgän und Komdei Mirgän in verschiedener Richtung, um ihre Rosse ausfindig zu machen. Sie verirrten sich voneinander und gingen so lange bis sie aus Müdigkeit und Hunger auf die Erde niederfielen und dort liegen blieben. So lagen sie eine lange Zeit und als sie erwachten, war der Stall fort und sie selbst lagen auf einem lichten Felde. Nun kam Kanna Kalas zu ihnen, indem er ihre Rosse führte und brachte den schwarzen Fuchs an ein Seil gebunden mit sich. Alle drei machten sich nun daran, den schwarzen Fuchs zu peitschen und peitschten ihn zu Tode. Darauf begaben sie sich ins Sonnenland und waren kaum aus dem Loche gekommen, als der Alte mit den sieben Hunden ihnen entgegen kam.

Die drei Helden fielen dem Alten sofort zu Füßen und fragten ihn, was für ein Mann er wäre. Der Alte antwortet: »Gott hat bestimmt, daß ich sowohl auf als unter der Erde wandern soll und mir eine solche Macht gegeben, daß ich die Betrübten trösten und erfreuen und dagegen die Allzufrohen betrüben kann. Das Gemüt derer, die sich allzusehr anstrengen, kann ich gleicher Weise verändern, so daß sie auch heiteren Zeitvertreib lieben. Ich heiße *Kögel-Chan* und bin ein Schaman, der die Zukunft, die Vergangenheit und alles, was sich in der Gegenwart sowohl über als unter der Erde zuträgt, weiß.« — »Laß uns da wissen«, sagt Kanna Kalas, »was man bei uns, fern in der Heimat, macht; wenn du aber nicht die Wahrheit sagst, so hauen wir dir den Hals ab.« Der Greis zog seine Schamanenkleidung an und begann zu zaubern. Er zauberte und sagte ihnen allen die reine und wirkliche Wahrheit. Er erzählte unter anderem, daß die drei Brüder die größten Helden der Erde wären, Kan Mirgän der größte, Komdei Mirgän der mittelste und Kanna Kalas der kleinste von ihnen. Dem Komdei Mirgän sagte der Alte, daß er seine Schwester dem Kanna Kalas zur Ehe geben und selbst Kan Mirgän's Schwester, Kanarko, zum Weibe nehmen würde. Dem Kan Mirgän aber sagt der Greis, daß er bereits verheiratet wäre und daß ihn seine Schwester im Zelte beweinte. Als der Alte dies gesagt hatte, stieg er auf sein Roß und ritt davon.

Die drei Helden begaben sich jetzt zu Komdei Mirgän, richteten ein Gastgebot an, aßen und tranken viele Tage lang. Hierbei nahm Kanna Kalas Kubaiko zur Frau und Komdei Mirgän begleitet seine Schwester und die beiden Helden zu Kan Mirgän. Hier heiratet Komdei Mirgän Kanarko. Die Hochzeit wird gefeiert und als das Gastgebot zu Ende war, reisten Komdei Mirgän und Kanna Kalas in ihre Heimat, Kan Mirgän aber blieb daheim in seinem eigenen Zelt. Fortan lebten die drei Helden daheim in Frieden und Ruhe. Weder Krankheit noch Tod hatten Macht über dieselben.

Bibliographie

Cassirer, Ernst.
  Zur Logik der Kulturwissenschaften.
  Darmstadt: Wissenschaftliche Buchgesellschaft, (1942) 1971.
Castrén, M.A. (Hg. A. Schiefner).
  Ethnologische Vorlesungen über die altasischen Völker nebst
  samojedischen Märchen und tatarischen Heldensagen. St. Peters-
  burg: 1857.
Die Prinzessin aus alter Zeit.
  In: Märchen aus dem Bündnerland, 1935:26—33.
Evans-Wentz, W.Y.
  Tibetan Yoga and Secret Doctrines.
  London: Oxford University Press, (1935) ²1958.
Findeisen, Hans.
  Besessene als Priester. In: Abhandlungen und Aufsätze aus dem
  Institut für Menschen und Menschheitskunde Nr. 5, Augsburg,
  1954:148—154.
Gehrts, Heino.
  Zaubermärchen und Schamanentum. Einladungsprospekt zur
  Internationalen Tagung der Europäischen Märchengesellschaft
  in Bad Karlshafen vom 21.—25. 9. 1983.
Gonda, Jan.
  Die Religion Indiens I. Veda und älterer Hinduismus.
  Die Religionen der Menschheit Bd. 11, Stuttgart: Kohlhammer,
  1960.
Grimms-Märchen, Hg. Carl Helbling.
  Zürich: Manesse, o.J.
Grimms-Märchen, 57.
  Der goldene Vogel.
Grimms-Märchen, 92.
  Der König vom goldenen Berg.
Grimms-Märchen, 133.
  Die zertanzten Schuhe.
Grimms-Märchen, 193.
  Der Trommler.

88

Hampe, J. C.
   Sterben ist doch ganz anders.
   Stuttgart: Kreuz, ²1975
Heisenberg, Werner.
   Der Teil und das Ganze: Gespräche im Umkreis der Atomphysik.
   München: Piper, 1969.
Hetmann, Frederik.
   Die Reise in die Anderswelt — Feengeschichten und Feenglaube
   in Irland. Köln: Diederichs, (1981) ²1983.
Jayatilleke, K. N.
   Early Buddhist Theory of Knowledge.
   London: Allan & Unwin, 1963.
Messner, Reinhold.
   Grenzbereich Todeszone.
   Köln: Kiepenheuer & Witsch, 1978.
Moody, Raymond A.
   Leben nach dem Tod: Die Erforschung einer unerklärten Erfah-
   rung. Reinbek bei Hamburg: Rowohlt, (1975) 1977.
Märchen aus dem Bündnerland.
   Nach dem Rätoromanischen erzählt von Gian Bundi.
   Basel: Helbing & Lichtenhahn, 1935.
Rao, S. K. Ramachandra.
   Tibetan Tantrik Tradition.
   New Delhi: Arnold-Heinemann, 1977.
Rao, S. K. Ramachandra.
   Tibetan Meditation.
   New Delhi: Arnold-Heinemann, 1979.
Resatz, Luise.
   Das Märchen als Ausdruck elementarer Wirklichkeit. In: Jahr-
   buch der Gesellschaft zur Pflege des Märchengutes der Euro-
   päischen Völker e. V., 1959/II.
Watzlawick, Paul, John H. Weakland & Richard Fisch.
   Lösungen — zur Theorie und Praxis menschlichen Wandels.
   Bern: Huber, 1974.
Zurfluh, Werner.
   Quellen der Nacht.
   Interlaken: Ansata, 1983.

Werner Zurfluh

Quellen der Nacht

Neue Dimensionen der Selbsterfahrung
432 Seiten, Ganzleinen. Ansata: Interlaken, 1983.
DM/SFr 39.80

»Quellen der Nacht« — ein Buch über den vergessenen
Teil des Tages, die Nacht, ein Buch über jene Bereiche,
die man glaubt, schlafend und ohne Bewußtsein ver-
bringen zu dürfen. — Doch es gibt einen Weg in die
Nacht hinein, auf dem die bislang schlummernden
Quellen erschlossen werden können. Und auf diesem
Weg spielt die Psychologie keine ausschlaggebende
Rolle mehr. Es müssen keine schulmäßigen Deutungs-
systeme übernommen werden, denn es reicht — so
lautet die Hauptthese des Buches —, wenn der einzelne
Mensch den Weg zu den Quellen der Nacht vollbe-
wußt und im Vollbesitz seiner seelischen und geistigen
Kräfte zu gehen bereit ist. Aber das ist leichter gesagt als
getan, denn unterwegs gibt es gar manche, schier un-
überwindliche Schwierigkeiten. Die neuen Dimensionen der Selbsterfahrung fordern den ganzen Menschen
heraus. Sie umfassen die Erfahrungen des Alltags wie die
der nächtlichen Wirklichkeit.

Das Buch »Quellen der Nacht« ermöglicht — auch mit
Hilfe eines umfassenden Anmerkungsteiles — ein Verständnis der Bedeutsamkeit der Träume und Astralrei-
sen, der schamanistischen und märchenhaften Seelenfahrten und der todesnahen Erlebnisse — und es erhellt
die innere Verwandtschaft von Traum, Tod und Eksta-
se. In ihm wird gezeigt, daß die Nacht mehr als bloß

schöne und exotische Dinge in sich birgt, deren Praktikabilität für den Alltag fragwürdig bleibt. Und es wird deutlich ausgesprochen, daß das vollbewußte (luzide) Träumen und die Außerkörperlichkeit (out-of-the-body-experience) keineswegs paranormale Ereignisse, sondern wesensbestimmende Erfahrungsmöglichkeiten des Menschen sind, die einen evolutiven Charakter besitzen.

Der Weg zu den Quellen der Nacht ist zugleich ein Ausweg aus den Sackgassen eines eindimensionalen Weltbildes. Wer diesen Weg beschreitet, muß radikal umdenken. Es geht um einen Paradigmenwechsel und damit um einen Wandel der Denkkategorien. Dieser Problematik sind im Buch viele Abschnitte gewidmet, zu denen auch Fragen gehören, welche die Einstellung gegenüber den Indianern, den Märchen und der anthroposophischen Denkweise betreffen. Ferner wird auch auf die erkenntnistheoretische Fragestellung eingegangen. Denn vieles blockiert den Zugang zu einer Wirklichkeit, die mehr umfaßt als die Alltagsrealität. — Das Buch von Werner Zurfluh ist ein Kompendium philosophischer und mystischer Lebensweisheit, es ist wissenschaftlich und aufklärerisch, voller nicht-weltflüchtiger Poesie und Offenheit für die partnerschaftlichen Beziehungen und Wechselwirkungen. Das Buch »Quellen der Nacht« eröffnet eine Zeitenwende — es macht den Tag vollständig, denn es sprengt die Grenzen des Alltags und weitet ihn zu einem 24stündigen Erlebnisraum aus.

Auslieferung für Deutschland: Verlag Hermann Bauer KG, Freiburg i.Br.

Aus der Arbeit des WOLKENTOR-Verlags:

DAS SENFKORN
Zeitschrift für Literatur und Leben

Herausgegeben von Michael Morgental.
Bis 1984 erschienen 20 Nummern.
64 Seiten, Einzelheft 5,- DM.

Die kleine Literaturzeitschrift mit der besonderen Note
räumte auch regelmäßig dem deutschen Haiku Raum
ein — neben Gedichten, Erzählungen, Gesprächen mit
Autoren und Buchbesprechungen. Schwerpunkte:
Lyrik und Prosa junger Autoren, sanfte Phantastik,
japanische Literatur in deutscher Übersetzung.
Noch lieferbare Exemplare:
Nr. 9 bis 17 je Heft 5,- DM
Nr. 18/19 (Doppelheft) 10,- DM, Nr. 20   6,- DM

1. Haiku-Anthologie der Zeitschrift
DAS SENFKORN
»Auch im dunklen Raum...«

Herausgegeben von Michael Morgental.
Taschenbuchformat, 75 Seiten, 10,- DM.

Dieser neue Haiku-Band, u. a. auch Ergebnis des
Wettbewerbs um »Das goldene Senfkorn«, enthält
100 Haikus 40 deutscher Autoren und einen grund-
sätzlichen Essay von Michael Morgental (Haiku
dichten — auf deutsch!?) und eine Bibliographie
deutscher Haiku-Bücher.

Rolf Italiaander
»Von Lust und Leid des Schriftstellers«
Vom Notizblock meines Nachttisches.
68 Seiten, 12,80 DM.
Dieses Taschenbuch gibt einen Einblick in das Wesen
eines unbequemen Fragers und Mahners. Es sind dies
Reflexionen, Sentenzen und Maximen, die sich in ihrer
Kürze, Antithetik und Poiniertheit oft der literarischen
Gattung des Aphorismus nähern... Es sind kurze
Rechenschaftsberichte, Rückblicke und Ausblicke, die
sich in ihrem individuellen Zuschnitt aber auch in ihrer
schonungslosen Offenheit nicht in das Gewand einer
literarischen Gattung zwängen lassen... Es ist die von
Thomas Mann beschworene »Allsympathie«, das
Wissen um Anfang und Ende alles Seins, das Italiaander
auszeichnet.